底地・借地で困ったときに最初に読む本

株式会社アバンダンス代表取締役
宅地建物取引士・相続診断士
中川祐治

【法律監修】佐々木・岡田法律事務所 弁護士 岡田洋介

CROSSMEDIA PUBLISHING

はじめに

社会の移り変わりにより〝土地〟にまつわる相談が急増中

この度は、本書を手に取って頂き、ありがとうございます。

私は、不動産業界でも珍しい「底地・借地」を専門とした不動産会社・株式会社アバンダンスを経営する、中川祐治と申します。

本書は土地取引のなかでも特殊とされる「底地・借地」の問題にフォーカスし、これに関わる方たちの一助にして頂きたいと願い、執筆しました。

近年は、土地を所有する地主さん、その土地を借りる借地人さんの間で、様々な問題が表面化し、私のもとに相談が寄せられる機会が増えています。

遡ると昭和の頃、両者は顔見知りで、「お互い様」のような関係が当たり前でした。ある意味、古き良き時代とも言えます。

　ところが時は流れ、地主さんも借地人さんも親から子へ代替わりし、子ども同士は遠方に住んでいて、顔見知りでもなんでもなく、疎遠な関係だということも多いようです。そうしたなか、生活の根幹となる土地が絡むだけあって、契約などに関するコミュニケーションの行き違いが、大きなトラブルに発展することを多く耳にします。実際、弊社にも、「借地人さんが言うことを聞いてくれない」「横暴な地主さんに困っている」など、両者からお悩みの声が届いています。

あるいは、親から受け継いだ土地や建物の扱いに悩む、地主さんや借地人さんも多くいらっしゃるようです。地主さんからは、「相続税が高すぎて困っている」、借地人さんからは、「借地の実家を相続したけど、どうすれば良いのか」など、今後は戦後に生まれた地主さんや借地人さんから、資産を引き継ぐ機会が増えますので、相続に伴う土地・建物に関する問題も、ますます表面化しそうな勢いです。

　こうした地主さんや借地人さんのお悩みを解決するのが、底地・借地専門の不動産会社である、弊社の役割となります。

底地・借地に関わる専門家は〝つながる〟のがあるべき姿

しかし、本書は地主さん・借地人さんのためだけに書いたのではありません。とりわけ、底地・借地は関連する税制や法制度が複雑なことから、税理士さんや弁護士さんをはじめとする専門家、地域の銀行や信用金庫、JA、ハウスメーカーなどの様々な専門家の皆さまが地主さんや借地人さんから相談を受け、問題解決をサポートしています。

私も「相続税なら税理士さんのA先生に」というように、自分自身の知識や業務領域でカバーできないところは、遠慮なく専門家の方たちに支援をお願いしています。というのも、専門家はそれぞれプロフェッショナルな領域があるので、「餅は餅屋」に任せるのが、もっとも安全かつスピーディにゴール（ご依頼主様の目的）に向かうことができるからです。

逆の見方もしてみましょう。各専門家には得意分野はあるとして、不動産取引のなかでもマイナーで面倒なジャンルである、底地・借地に精通した方は多くありません。昨今の働き方改革により、専門家の皆さんの営業時間にも限りがあり、こうした面倒な案件ばかりに時間をかけることもできないのが現実です。

そこで気をつけないとならないのが、中途半端な知識で地主さんや借地人さんの相談に乗り、結果的に両者の関係を悪化させてしまうことです。安易な判断によってのトラブルが、当事者（地主さんや借地人さん）だけでなく、専門家にも飛び火し、信用の失墜や双方の損失につながるケースも、私は度々目にしてきました。

底地・借地には複雑な人間関係、法制度がかかわっているだけに、1人の専門家で問題を解決できるとは限りません。いま流行りの「他力思考」のように、得意としない分野を他業種が補い合う、アライアンスの関係が求められます。働き方改革の実現が叫ばれる昨今、得意分野を持つプロフェッショナルが集まれば、様々な問題を迅速かつ効率的、そして安全に進められるというメリットもあるでしょう。

私が目指す姿はまさにこれで、弊社に寄せられたご相談は、弊社だけで抱き込まず、あらゆる専門家と連携し、問題解決を図るよう心がけています。時には弊社の仕事にならないこともありますが、どのようなご相談であっても、全力で問題解決を図る姿勢に変わりはありません。

本書では、底地・借地に関する基礎知識、地主さん・借地人さんのトラブル事例と解決方法、各専門家の方たちとの連携の事例など、「底地・借地」に関わる方や、専門家の皆さまが、最低限知っておきたい情報を盛り込んでいます。

また、専門家の皆さまに、弊社のような底地・借地の専門会社があることを知って頂き、皆さまの大切なお客さまの問題解決の一助にご利用頂きたいという願いも込めています。

本書を読了頂いた皆さまに、ニッチでマニアックな底地・借地案件の問題解決の際、株式会社アバンダンスに相談しようと記憶に留めて頂き、皆さまのブレーンの一員として取り入れて頂けましたら幸いです。

2020年9月吉日

株式会社アバンダンス　中川祐治

目次

1章 底地・借地の基礎知識

2章 〝地主さん側から見た〟トラブルの解決方法と底地の有効活用

3章 〝借地人さん側から見た〟トラブルの解決方法と借地の有効活用

4章 ちょっと珍しい底地・借地の専門家

5章 底地・借地に関わる、あらゆる専門家の皆さまへ

序章

底地・借地の困った！トラブルあるある

底地・借地の基礎知識や、これらに関わる地主さん・借地人さんが抱える悩みや課題、解決方法をお伝えする前に、序章ではよくあるトラブル事例を紹介します。読者の方もいま直面している話かもしれませんし、何かしらのヒントになれば幸いです。

事例の前に、まず、前提ともなる、底地と借地についてご説明します。

地主さんに土地を借りた人（借地人さん）が、その借地上で自宅を建て、土地を利用する権利を借地権といいます。反対に、**借地人さんに貸した土地のことを底地**といいます。

底地・借地の関係はとても長期（50年や60年という例も）にわたって続いています。その間に建替えがあったり、相続があったりと様々な出来事を、土地の地主さんと、借りる側の借地人さんは共に歩んで来られました。

しかし、時代は合理化の流れを辿り、世代交代や核家族化で、地主さんと借地人さんの間でコミュニケーションの機会が少なくなり、助け合いやお互い様といった関係も終焉を迎えつつあります。昨今では、「事前の相談や話し合いを持てば、何もこんなトラブルに発展しなかったのに」というご相談や、「そんな一方的な考えではまとまるものもまとまらないのに」といった相談が多々あります。

トラブルに発展した場合、弁護士に相談し裁判に至るというケースもあるようです。それを防ぐため、**地代の相場**や**更新料の相場**、借地は各種承諾が必要で**承諾料の相場**はこのくらいと、地主さんも借地人さんも最低限の知識を正しく理解できれば、相手方に無計画な要求や拒絶をすることがなくなり、トラブルの多くを未然に防ぐことが出来るはずです。

さらに、「お互い様」という気持ちを持って対応することで、よりトラブルは減らせると思います。トラブルにより、本来の底地・借地の価値を大きく損ない、売却時や建替え時などで困ったことになったのでは手遅れです。

つまり、**底地や借地は地主さんと借地人さんの関係性で、その土地の評価や価値が**

左右されると言っても過言ではありません。特に借地人さんの場合はその影響は大きなものとなります。極端な言い方になりますが、目先の小さな出費をケチって、将来の借地の価値を大きく損なってしまうこともあるのです。

まずは、これから取り上げるエピソードから、底地・借地にはどういった問題が起きやすいのか、イメージをして頂けたらと思います。

地代が安い！　値上げ交渉失敗／不当な地代値上げ要求

底地・借地のトラブルでもっとも多いのが、地代に関わる問題です。

関東大震災や第二次世界大戦といった出来事の後、東京を中心とした首都圏、さらには他の都市部も焼け野原になり、住む場所に困る人たちで街はあふれかえりました。これを見かねた当時の地主さんが、土地を貸し出したのが、底地の始まりともいわれています。

現在では貸出し時に権利金や保証金の授受がありますが、当時、権利金等が支払われたという例は、あまり多くはないようで、地主さんからは、好意・社会貢献で借地がスタートしたという話を伺うことが多いです。

ところが時代は移り変わり、地主さんも親から子、子から孫へと底地を相続し、代替わりが進んできました。そうすると、地主さんはその都度、多額の相続税を払わなければならないのに、毎月の地代は微々たるもの。都心であればワンルームマンションで月に10万円前後は家賃収入が入るというのに、底地だと戸建てほどの敷地でも月に2万円ほどというところもあります。固定資産税も昭和の頃に比べると高額になり、定期的に地代を値上げ出来ていた地主さんは良いのですが、十分な値上げが出来ておらず、据え置きになっていることも多く、底地の維持がとても大変になっているようです。

そのような状況を改善すべく、地主さんが地代値上げのお願いを借地人さんにするわけですが、普段から付き合いのない地主さん（面識がないことも多い）からの急な地代の値上げ要求は、寝耳に水で、不当な要求に聞こえるかもしれません。インターネットで検索すれば、地代の値上げは、必ずしも応じる義務はないと書いてあります。地主さんの事情や地代相場も知らない借地人さんは、とりあえず地代の値上げは拒否するという選択になります。

拒否された地主さんはとてもガッカリし、何て理不尽な借地人さんだと思い込んでしまいます。**説明やコミュニケーション不足が原因の典型的なトラブル事例**です。

地主さんによっては、大規模な底地を保有し数千万円とか数億円もの相続税が課せられ、金融機関から融資を受けて何とか納税したという事例もあります。そのような状況で、地価の上昇に伴い、地代収入とあまり変わらないほど固定資産税が高くなり、借地人さんに地代の値上げをお願いするわけですが、前述の通り拒否されてしまうこともあり、地主さんも不満に思い、いっそのこと、底地を売却して身軽になろうと考えることになります。

底地は借地権と違い、借地人さんの承諾なく、第三者に売却することが可能です。ある日突然、地主さんが不動産会社に底地を売却していたということも珍しい話ではありません。その後は、当然、利益を追求する不動産会社から、借地人さんは地代の値上げを要求されることになるわけです。

地主さん、借地人さん、両者の立場に立ってみると

借地人さんからすると、相続や譲渡で地主さんが代わったからと言って、地代の値上げを要求されても、簡単には納得がいきません。値上げ交渉は難航することが、ほとんどです。地主さんからすると「当然の権利で正当な要求」でも、借地人さんの立場になると「不当な値上げ要求」と映ってしまい、立場の違いで考え方が対立してし

まうことになるようです。

もし、地主さん側に立ち、地代の値上げを行いたい場合、まずは周辺の地代相場を調査する必要があります。その結果、自分の底地の地代が他よりも明らかに安いのであれば、借地人さんに根拠を添えて地代の値上げをお願いすると良いでしょう。

また、周辺との地代の価格差が大きいほど、仮に地代の値上げ交渉が決裂し、調停や訴訟に至った場合でも、裁判所に値上げが認められる可能性は高いとも考えられます。

反対に、周辺の地代と同水準であれば、調停や訴訟でも地代の値上げは難しく、単に借地人さんとの関係がギクシャクして終わりとなりかねませんので、地代の値上げ交渉は諦めた方が良いかとも思います。

なお、**住宅地の地代（年額）の相場の目安として、固定資産税・都市計画税の合計額の3倍から5倍程度**といわれていますので、ザックリの参考程度に利用しても良いかもしれません。詳しく知りたい場合は、専門の不動産会社に相談して入手することも可能ですが、訴訟等の場合には、より正確な不動産鑑定士による適正な地代の鑑定を依頼し入手することになります。

相続や譲渡、更新のタイミングで値上げを要求する地主さんもいますが、やはり同様です。正当な理由がないのに応じる借地人さんは少ないでしょうし、交渉は決裂する場合が多いようです。対抗策として値上げに応じないと更新を認めないと告げる地主さんがいたとしても、**法定更新として自動的に更新できてしまうので、基本的に効力を発揮しません。**

稀に、借地人さんが地代の値上げを拒否したため、地主さんが地代を受け取らないことがあります。この場合の借地人さんは注意が必要です。地主さんが地代を受け取らなかったという理由だけで、そのまま何もしないでおくと、地代滞納扱いになってしまい、最悪の場合は、契約違反により、契約を解除されてしまいます。これを回避する方法が、「**地代の供託**」となります。

地代の供託とは、地主さんが地代を受け取らない、地主さんの所在がわからないなどの理由で、借地人さんが地代の支払いができないなどの場合、法務局が地主さんに代わって地代を預かり、通常通り地代の支払いがあったものとして取り扱ってもらえる救済措置のことです。この供託中に、地主さんと借地人さんの間で問題解決を図ります。

ここで、地主さんの注意点があります。**問題解決後には預けられた地代を法務局から引き出すことをお忘れなく**。借地人さんとの問題解決がなされていない場合の供託金には時効がありませんが、問題解決した後も供託金を引き出さずに放置していると、10年で時効となり、供託金は受け取れず消えてしまいますので、ご注意ください。

借地人さんが地代を滞納した場合はどうなるのでしょうか。当然、契約違反となり、契約解除となりかねません。しかし、一度や二度滞納したからといって即刻、契約解除されるわけではありません。しかし、地主さんが催促して一時的に改善がみられても、度々滞納状態を繰り返し、今後も改善の見込みがないというような状況で、信頼関係が破壊したと裁判所が認めた場合は契約解除が妥当と判断されます。契約解除は簡単ではありませんが、借地人さんは、キチンと期限内に納めることが大切です。地主さんの心証を悪くして良いことはありません。

反対に、地主さんにおいては、地代の滞納が生じた場合は、そのままにしないで、早め早めに対処を行うことが重要です。

すぐに、催告の内容証明郵便を送りつけるということではなく、どうしましたか？などの声掛けでも構いません。そのままにしておくと、事情を聞いたり、話し合いを持ち掛けるタイミングを逃してしまいます。滞納させないのも貸す側の責任ともいえますので、放っておくことだけはしないでください。

頻発する更新料のトラブル。相場を知りましょう

さて、次は**契約更新時のトラブル**です。

そもそも、更新料は明確な法律の定めはないようで、賃貸借契約書に具体的な明記がされていない限り、借地人さんに支払う義務はありません。ただし現状としては、円満な賃貸借の関係維持のために、慣例的に更新料を支払っている借地人さんも多いようです。更新後の契約期間は建物の構造により、木造で20年以上、鉄筋コンクリート造だと30年以上と、決めることが多いです。

しかしながら、20年や30年に一度と言っても借地人さんにとって、更新料の支払いは決して簡単なことではありません。**一般的に、更新料の相場は、借地権価格の5％～10％**といわれており、仮に更地価格が坪当たり１００万円で借地権割合60％のエリ

アの場合、30坪程度の一戸建ての借地は、90万円～180万円が更新料の相場とされます。毎月の地代の支払いに加え、定期的に更新料を支払うとなると、借地人さんにとってとても大きな負担になり、できれば避けたいと考えるのは無理のない話です。

一方で、地主さんからすると、これまで20年間（30年間）にわたり、安い地代で土地を貸してきた礼金として、更新料は当然の収入として、楽しみにしている地主さんも多くおられます。こうした双方の考えの違いから、更新料に関するトラブルが起きてしまうのです。

借地人さんは更新料を払うべきか？

では、更新料は払うべきか否か。

法律的な話になると、契約書に具体的に更新料を支払い更新するという内容と更新料の金額またはその算出方法まで明記されている場合は、借地人さんは支払う義務があると考えられます。
対して、契約書に更新料の支払いに関する記載がない、または、具体的に金額や算出方法の記載がない場合、借地人さんは地主さんからの更新料の支払い請求に応じる義務がないと考えられる傾向にあります。

では、契約書に記載がないから支払う必要がないと片付けてしまって良いのでしょうか？　もちろん、それはそれで構いませんし、そのように勧める弁護士さんや専門家も多くおられます。義務でないのだから、余計なお金を払わなくて良いのですよと助言されたら、誰も支払わないと思います。

この時、地主さんの気持ちはどうでしょうか？　前回の更新まで更新料を支払ってもらえていたのに、今回の更新では、弁護士さんの助言により、更新料は支払いませんと言われたとしたら……。地主さんは期待を裏切られたというような気持ちになると思います。

地主さんが可哀そうという感情は抜きにしてこれで良いのでしょうか？　その答えは、将来、借地人さんが自宅の建替えや売却の際に痛感することになります。地主さんから建替え承諾がもらえず、思うように建替えができなかったり、地主さんから譲渡承諾がもらえず、期待していた価格で売却ができなかったりすることがその代表的な例になります。地主さんから承諾がなくても、裁判所から許可を取れるから構わないという専門家もいますが、このような裁判所の許可付きの物件はいわゆる訳あり物件となり、簡単には売れず、価値も下がってしまうことでしょう。

さらに、地主さんから承諾が得られない物件は、銀行の融資を受けることは非常に困難です。建替え資金を自己資金で賄える借地人さんや、現金で借地物件を購入するお金持ちの人であれば良いのですが、そのような人は多くはないので、建替え計画がとん挫したり、引越しの計画が白紙になるなど、その影響は計り知れません。

かなり、借地人さんを脅かすような内容となってしまいましたが、実際に地主さんとの不仲が原因で、大変な思いをされた借地人さんが沢山おられます。当面、そのような建替えや売却の予定がないといっても、将来のご自身の借地権の価値を保全するためにも、地主さんとの折衝ごとは、真剣に取り組み話し合いを持たれることが重要です。更新料の支払いが大変だという事情があれば、分割払いを申し出るなど、相談してみると良いでしょう。

以上のことを考えると、たとえ更新料の支払いは義務とならない場合であっても、将来のためにも、支払いをしておいた方が得策だと考えても良いのではないでしょうか。

※（参考）契約更新時のトラブルの話でもうひとつ。契約更新時に、借地人さんからの契約更新を拒否して、土地の返還を求めようとする地主さんも少なからずおられます。

しかし、借地人さんが従来通り借地を続けたいと契約更新を希望する場合、地主さんには、更新を拒否し契約終了を主張するだけの、とても重大で正当な理由や事情が必要となり、単に契約期間が終わったからという理由で簡単に契約解除や土地の明渡しを受けることはできません。それほど借地権はとても強い権利なのです。

借地人さんが建物を勝手に売ってしまった！

底地・借地に関わった人でないとイメージしづらいかもしれませんが、地主さんから土地を借りている借地人さんが、地主さんの許可なく勝手に自宅（借地権）を売却しようとし、地主さんとトラブルに発展したという例もよくあります。

「自宅を売って引っ越したいと思っただけ」「老人ホームに移るための資金が必要だっ

た」など、借地人さんにとってはやむを得ない事情だったりする場合でも、地主さんからの譲渡承諾が必要であることを忘れていたり、売却を依頼した不動産屋さんの進め方にお任せ状態で、結果的に、地主さんからの譲渡承諾が後回しになっていた……。

こういう場合、地主さんは既に買い手が決まった状態で借地人さんや不動産屋さんに承諾を求められることになりますが、地主さんによっては、「第三者に売却するのであれば、自分が買い取りたかったのに……」と、土地を取り戻す機会を奪われ、快く地主さんからの譲渡承諾を頂けないことになる場合もありますので、慎重に売買の話は進めないといけません。

仮に地主さんからの譲渡承諾を得ず、借地人さんが勝手に借地上の自宅を売ってしまった場合ですが、これは契約違反により、地主さんとの間の土地賃貸借契約が解除されてしまうことがあります。契約解除になると土地の利用を続けることができないばかりか、借地上の建物を取り壊して、きれいな更地にして地主さんに土地をお返しすることになる場合もあります。

この場合は、買い手にも大変な迷惑や損害を与えることになるので、事前に、地主さんの譲渡承諾を得てから進めないといけません。地主さんとの折衝になれた専門の不動産会社に相談すると、スムーズに解決まで導いてくれます。

従って、更新料を支払うべきかでも同じような話をしましたが、地主さんからの譲渡承諾の取得はとても重要な手続きとなります。地主さんから気持ちよく譲渡承諾を得るためには、普段のお付き合いが良好（トラブルがない）であることが望ましく、過去に更新料の支払いを拒否した、地代の値上げ要請を根拠や事情も聞かず断ったなどの場合は、すんなりと譲渡承諾を得られないケースが多いようです。

地主さんからすると、更新料などの要望を無下に断るような借地人さんが、自分の必要な手続き（譲渡承諾）の時は、当然のように承諾を要望するというのは、虫が良すぎるということで、簡単に承諾をしたくないと考えるようです。

「買取請求」という対処法

さて再び、更新に関する話ですが、もし、契約期間が満了し、更新されず借地の関係が終了する場合には、**借地人さんは地主さんに対して、建物を時価で買取るよう請求する権利（建物買取請求権）**が認められています。

通常は、契約満了時は借地人さんの費用と負担で建物を解体除去し、更地にして土地を返還するものと多くの賃貸借契約書には記載があるので、建物を買い取るなんてとんでもないと考える地主さんも多くおられます。

しかし、この建物買取請求権を地主さんは拒絶することができず、売買により取得しないといけません。

この時の建物価格は、時価とされていますが、これも結構な金額になります。借地権の価格は考慮する必要がないので、建物だけなら大した金額にはならないだろうと考えがちですが、場所的利益を加算して考えなければいけません。場所的利益とは、建物の存在自体から建物所有者が享受する事実上の利益という、とても理解に難しい評価を加算します。

これが更地の10～30%となりますので、30坪ほどの一戸建ての借地で更地価格が3000万円だった場合、地主さんは場所的利益だけでも、300万円から900万円もの大金を支払うことになります。

しかし、どのような場合でも地主さんは買取請求権に応じないといけないのでしょうか？

例えば、地主さんは借地の継続を希望していたのに、借地人さんの方から借地を終了させたいと申し出があり、それに地主さんが応じるような場合。このような合意による借地の終了については、借地人さんは建物買取請求権を放棄したものと考えます。

あるいは、借地人さんの地代滞納などの契約違反による契約解除についても、借地人さんには建物買取請求権は認められません。

同様に、地主さんの承諾なしに借地権付き建物を購入した第三者の新借地人さんが、地主さんに借地権譲渡の承諾を求めたにもかかわらず、地主さんに承諾をしてもらえない場合にも建物買取請求権が認められます。こうすれば多少でも購入代金を補填することができますが、新居での新生活はできなくなってしまい、その損害は計り知れません。借地物件の場合、地主さんの譲渡承諾の有無は最低限の契約前の確認事項となりますのでご注意ください。

ちなみに、地主さんとしては、新借地人さんに建物の所有権移転登記が行われる前に、旧借地人さん宛に契約解除通知を行うことで、この建物買取請求権を防ぐことが可能となりますので、無断譲渡を知ったら、直ちに契約解除通知を送るようにしてください。

別の事例として、借地人さんが住宅ローンを利用して、自宅を借地上に新築したり、建替えを行うことは珍しくないことです。ところが借地人さんの諸事情により、住宅ローンの返済が滞り、差押えがなされ、ついには借地人さんの自宅が競売になることがあります。この場合、地主さんはどなたが落札し、新たな借地人さんとして現れてくるのか、とても心配だと思います。このような事態に巻き込まれたら、どう対応すれば良いのでしょうか。

実は、裁判所で行われる競売で借地権付き住宅を落札した人には、借地人になる権利が認められます。

つまり、これまでの借地人さんから、顔も知らない落札者が新たな借地人となってしまうのです。裁判所の行う競売とはいえ、借地権譲渡に該当するので、落札者は地主さんの承諾を得る必要があります。

しかし、地主さんが借地人さんの変更を認めない場合でも、落札者は裁判所の手続きで、地主さんの承諾に代わる許可を得ることができます。

つまり、地主さんの意に反して、借地人さんが交代されてしまうのです。言うなれば理不尽な話ですが、地主さんも対抗策があります。それが、「**介入権**」という地主さんの権利です。

これは、借地物件の競売や第三者への売買による借地人さんの変更を承諾しない代わりに、地主さん自身がその借地物件を買い取りますという権利です。この権利は新たな借地人さんや旧借地人さんも対抗はできませんので、ほぼ確実に地主さんは借地を取り戻すことが可能となります。

しかし、介入権を行使したとしても、相当の対価で買い取る必要があります。この価格は、裁判所で決定され、思ったよりも高額になる場合もありますが、基本的には借地権価格から譲渡承諾料相当額を差し引いた価格になると考えられます。

借地権を高く売りたい時の手法

次は、**借地人さんが地主さんに承諾を得た上で、借地権の自宅を第三者に売却しようとするケース**を考えてみましょう。

借地物件は何をするにも地主さんの承諾が必要になる制約があったり、毎月住宅ローンとは別に、地代を支払い続ける必要があるなど面倒も多く、所有権物件に比べ、買い手が付きづらく、期待したほど高額での売却が難しいのが実情です。

こうした時、借地人さんは少しでも高く売れるよう、地主さんから底地（土地の所有権）を買い取れないかと考えます。所有権物件になれば、より高く売れる可能性があるからです。

しかし、この場合、地主さんから底地を一旦購入する資金が必要となり、不動産取得税の負担が生じます。さらに、底地の取得後5年以内に転売を行うと、譲渡により生じる所得税の税率が2倍近くも大きくなることで税負担も大きくなってしまいます。従って、底地をとても安く購入できるのであれば、または、少なくとも底地を購入後5年以上は売却をしないのであれば良いかと思います。このように、必ずしも底地を購入した方が有利とは言えないこともありますので、注意が必要です。

また、同様の効果を見込める、**「底借同時売却」**という手法もあります。

これは地主さんの底地と借地人さんの借地権を同時に第三者に販売する方法です。この場合、購入者は完全な所有権の土地を取得することになるので、借地物件に比べ高額に売却することが期待できます。なお、この時の借地人さんは、底地の取得費用は不要で、5年間も待つ必要もなく、単純に借権付きの自宅を売却するだけとなります。

この時の**ポイントは、地主さんの協力が不可欠**ということです。

地主さんに底地を売却する意思が無ければ成立しないという弱点もあります。地主さんの協力があれば、あとは、売買代金の配分をどうするのか。50：50なのか、借地権割合に応じて60：40とするのか、譲渡承諾料を考慮して54：46とするのか、このあたりは話し合いで自由に決定すると良いでしょう。

建替え承諾料の交渉が難航してしまう

借地人さんが所有する建物とはいえ、土地はあくまでも地主さんの所有物で、借り物です。土地を利用するには、ルールに従わないといけません（ルールには例えば、地主さんの承諾のない増改築、譲渡、転貸、用途変更や大規模修繕等や借地人さんや連帯保証人の氏名や住所の変更などの通知義務等があります）。

そのなかでも、よくあるトラブルが、増改築などの建替え時に生じる承諾料についてです。

借地上の建物を増改築するには、借地人さんは原則として地主さんに承諾をもらわなければなりません。その承諾に際し、借地人さんから地主さんに承諾料を支払うことが一般的です。

従って、こうした地主さんへの相談のひと手間を惜しんだり、承諾料を払いたくないといった理由で、承諾を得ないままに増改築を強行すると、契約解除にもなりかねないので、必ず地主さんに相談するようにしてください。

〝増改築禁止特約〟の有無がカギになる!?

地主さんからすると、貸している土地（底地）に立つ建物は借地人さんの所有物とはいえ、何の相談もなく扱われると決して気持ちのいいものではありませんし、不安は大きいと思います。

「借地人さん宅、足場を組み始めたけれど、雨漏りの修理や外壁の塗装かな？」「まさか、取壊して建て替えるのかな？」「アパートやマンションに建て替わるのではないだろうか？」など、地主さんも色々想像してしまいます。地主さんの想像も極端になると、「無断での増改築で契約解除だ！」と大事になってしまう場合も多々あります。

だからこそ、地主さんの立場からいうと事前に申し出てほしいというお気持ちがわかります。では仮に、借地人さんが地主さんの承諾無く工事を進めてしまった場合、地主さんはどう対処すれば良いでしょうか？

その場合、まずは借地人さんと交わした土地賃貸借契約書のなかに**「増改築禁止特約」**が盛り込まれているかどうか、チェックすることをお勧めしています。

その項目が明記されていた場合、借地人さんの勝手な増改築は完全に契約違反に当たり、極端にいうと契約解除も可能です。ただし、雨漏り修繕や外壁塗装などは、建物の維持管理上必要な修繕として増改築に該当しないとされますので、地主さんの勘違いとなるケースも多々あります。いきなり契約解除を突き付けるのではなく、まずは借地人さんに、どのような工事を予定しているのか確認すると良いでしょう。

ポイントは、**契約書の内容**です。

契約条項に増改築禁止特約がなければ、よほどの理由がない限り地主さんが増改築を止めることはできません。しかし、借地人さんからすると、増改築禁止特約がないからといって、地主さんに無断で工事を進めてよいものなのでしょうか？　それは、今後のためにもやめた方が良いでしょう。突然工事が始まった時の地主さんの気持ちは不安でいっぱいで、色々な想像の結果、契約解除を主張し（実際には増改築禁止特約がない場合には解除はできませんが）これにより両者の関係が悪化することにまでなりかねないというのは前述の通りで、承諾不要とは言え、無断での工事は地主さんとの信頼関係を損ないかねませんのでお勧めできません。

仮に、契約書がない場合、まずは地主さんに契約書を保有していないかを確認します。地主さん側でも契約書を保有していなければ、地主さんへ断りを入れて、増改築を行うと良いでしょう。

建替え承諾料は、土地価格の3％〜5％が相場

借地人さんが増改築を含めた建替えを実施する場合、借地人さんから地主さんにどれくらいの承諾料を支払えば良いのでしょうか？

その**相場は「土地価格の3％〜5％」が目安**となります。

例えば、30坪の借地で、土地価格（更地の価格）が1坪当たり100万円の場所であれば、土地価格が3000万円なので、この場合の建替え承諾料は90万円〜150万円ほど。土地の価格や広さによっては、それなりの金額になります。過去には承諾料だけでも1000万円超というケースもありましたので、借地人さんにとっては建築費用も加算される大きな負担になります。

一般的には完全な建替えと増築で承諾料の多寡は変わりますが、例えば木造の住宅から鉄骨のマンションにする場合は条件変更の承諾料が必要となりますので、この場

合は特に承諾料が高額になります。参考として、**条件変更承諾料は土地価格の10％相当**といわれています。3000万円の土地なら300万円の承諾料となります。

借地人さんの立場からお伝えすると、地主さんとの関係悪化を避けるのはもちろん、承諾なく工事を始め、工事の差し止めにあったり、不利な立場によって高額な承諾料を要求されたり、または契約解除をされないためにも、順を追って相談・交渉を進め承諾を得ないといけません。増改築を計画する場合、まずは契約書で**増改築禁止特約の確認**と、**計画する工事が増改築に該当するのかの確認**の上、我々のような専門家を頼ってください。

雨漏りの修理でも、契約違反になることもある！

地主さんに事前通知をせず、適切な手順を踏まなかったために、トラブルに発展することは珍しくありません。例えば、借地人さんが行う増改築でも、雨漏りの修理や建物の外壁を塗り替えるなど、建物の維持管理に必要な修繕やメンテナンスは含まれません。当然、承諾料も不要です。とはいえ、**承諾不要な場合でも、地主さんに連絡を入れておくことでトラブル防止**になります。

というのも、地主さんからしてみると、こうした修繕作業でも事前に知らせてほしいからです。借地人さんからすれば、「承諾料」の支払いはなくても、地主さんに一声かけておいた方が、誤解を与えることはなく、円満で良好な関係を保つことになります。この、ほんのちょっとした気遣いを怠ったため、本来は増改築に該当しない雨漏りの修理でも、地主さんが増改築と勘違いし、「勝手に増改築工事を始めた」と気分を害してしまい、工事を妨害されてしまうことだってありますので、事前の連絡は入れておいた方が良いでしょう。

また、雨漏りの修繕だといって屋根全体を新たに葺き替えてしまう場合は**大規模修繕で増改築に該当します。**大規模修繕は契約内容によっては地主さんの承諾を要することがあり、地主さんの承諾なく工事を始めてしまった場合、契約違反を指摘され、工事を差し止められたり、契約を解除されるなど、取り返しのつかないことに発展する場合もありますのでご注意ください。

雨漏りの修理でも、雨漏りしている屋根を撤去せず、そのまま覆ってしまうカバー工法という雨漏り修理の工事がありますが、これは大規模修繕には該当しないとされていますので、雨漏りの修理といっても、増改築に該当するのかどうかの判断は難しいので、専門家に相談することをお勧めします。

簡単には売れない底地の売却方法

ご両親から底地を相続したタイミングでご相談に訪れる地主さんは少なくありません。なかでも多いのが、**「底地を売りたい」**というご相談です。

相続を受けた〝新しい地主さん〟からすると、高額な相続税を支払い、（金融機関から借入れをして相続税を支払い、現在も返済中という地主さんもおられます）親から底地を受け継いだものの、地代収入だけでは維持が難しいなか、更新料や各種承諾料等のトラブルもあり、いっそ手放してしまいたいと考えるようです。

しかし、底地は借地人さんが利用中ということもあり、一般のお客さんにはまず売れません。

そのため、多くの地主さんは底地の買取り業者へ売却することになります。

多少割安でも、短期間に、ほぼ確実な現金化が見込めるメリットがあるので、相続対策などを計画通り進めたい地主さんにとっては好都合な選択肢になります。

しかし、少しでも高く売りたいと考えた場合、どうすればうまく底地を売却できるのでしょうか。

相続対策にも時間的な余裕がある地主さんであれば、借地人さんへの直接売却を検討すると良いでしょう。いつかは借地ではなく、自分の土地にしたいと考えている借地人さんは少なくありません。思いのほか、購入しますと話がまとまるケースもあります。

おまけに、借地人さん相手の売買であれば、底地の本来の価格に近いところで売買が成立することが多いので、底地買取り業者に売却するよりも手残りが多くなります。しかし、直接売買とは言え、不動産取引となりますので、個人間売買はトラブルの元ですので絶対にやめてください。契約は必ず底地借地に詳しい不動産会社に仲介を依頼してください。

底地の共同相続はお勧めできない

底地の**相続に関しては、共有者間のトラブル**もあります。

地主さんが亡くなると、配偶者やお子さんなど相続人が底地を引き継ぎます。この際、特定の相続人1人が新たな地主さんになることもあれば、複数の相続人がいる場合は、「共有」の形で相続する選択肢もあります。つまり、共有の底地は地主さんが1人ではなく複数人になるということです。

一見すると底地の共有は平等な采配に映りますが、トラブルの温床になりかねません。

というのも、すべての相続人の意見がそろわない限り、その底地全体の売却ができないのです。それこそ、共有者のひとりは「底地全体を売却したい」と言っても他の共有者が反対すれば売却できません（※共有持分は各自の判断で個別に売却可能です。）どうしても底地全体の売却をせざるを得ない事情があれば、やむを得ず、**共有物分割請求訴訟**という手段に出ることもあります。このような裁判沙汰になることは先代の地主さんは考えてもいなかったはずです。兄弟姉妹仲良く平等にという願いで共有にしたことでしょう。しかし、共有はそのような事情で自由な売却ができないので、場合によっては共有が足かせになってしまうこともあります。では、どのように相続を考えたら良いのでしょうか？

結論はシンプルで、できるだけ共有での相続を避けること。ひとつの底地を1人が相続するよう心がければ良いのです。通常の土地なら相続人同士がもめても、親族間のトラブルの範疇ですが、底地には借地人さんがいるため、迷惑をかけてしまうこともありますから、地主さんとしての責任も問われます。

例えば、借地人さんが借地上の建物の売却（借地権譲渡）を地主さんに相談するとします。この時、共有で底地を相続した地主さんの過半数が承諾をしないと、借地人さんは売却ができません。こうなると、借地人さんはお引越しの計画がとん挫し、大変困ったことになり、両者の関係が悪化することは必至です。特に実家を相続した長男さんなんかは、借地人さんとご近所ということも多くあり、代表して借地人さんの苦情対応に追われ、困ってしまうケースが多いです。無用のトラブルを避けるためにも、共有で相続はしないでおくべきでしょう。

参考までに、不動産を売却する理由の上位に、この共有であることがランクインしているほど、不動産の共有は維持が大変であり、トラブルに至る可能性が高いと考えられます。

底地と借地権を交換したい

広い底地の上に家を２つ建てたものの、いまは片方が空き家になったまま。２軒分の地代を払うよりも片方を壊して更地にして、地主さんに返したい。こうした相談を受けたことがありました。この時、私が提案したのは、空き家側の借地を更地にして地主さんに返し、自宅側の土地を地主さんから譲り受けるという、**底地と借地の交換**でした。

またもうひとつ、このようなケースがありました。底地の上でアパートを経営しつつつ、自らは鮮魚店を営んでいた借地人さんがいらっしゃいました。地主さんからの依頼で、契約更新の時期でもあり、借地人さんの今後のことも含めて面談に伺いました。借地人さんはご年齢のこともあり、そろそろお店を閉めようかと悩んでおられました。一方でアパートは老朽化が著しい状態で、家賃は近隣よりもずっと安いので、大きな修繕もせずそのままにしてあるとのことでした。

まとまった金額の更新料が必要となり、今後のアパートの修繕費用にも不安があり、アパート経営も続けるべきか、今後の借地権をどう扱えばいいのか悩んでいらっしゃいました。できるならいまの慣れ親しんだ場所に住み続けたく、土地すべてを地主さんに返すのはできたら避けたい……。

ここで私は、「**半分だけ返しましょう**」と提案しました。

こうした場合、地主さんが交換を受け入れて頂けることを確認して、地主さんの底地権と借地人さんの借地権の交換の組み立てを行います。

例えば、借地権割合が60％の場所であれば、借地人さんの自宅側（鮮魚店側）60％

の底地権と、空き地側（アパート側）40％の借地権を借地権割合に応じて等価交換することで、借地人さんは自宅側（鮮魚店側）を、地主さんは空き地側（アパート側）の土地をそれぞれ完全な自己所有にできるのです。

なお、底地と借地の交換は、必ずしも等価でなくても構いませんが、**「固定資産の交換特例」**が利用できるので、その価格差は20％以内に抑えると良いかと思います。また、建物の建築位置等の都合でピッタリ等価に分割できず、不公平感が生じる場合があります。この場合、20％を超えない範囲で交換差金というお金で調整し公平性を保ちます。

「固定資産の交換特例」がポイント

一定の要件を満たすことで、**「固定資産の交換特例」**が利用可能です。これは、土地や建物などの固定資産を交換した時、譲渡所得がないとされる特例のことで、交換する固定資産が同じ種類のものでないといけません。つまり、土地と土地、建物と建物の交換に適用されるということです。底地と借地であれば、どちらも「土地」という固定資産を交換するとみなし、この特例が使えます。

なお、**特例を利用するには確定申告の必要**があります。利用しない場合は、底地や借地権を売却して利益を得たものとして多額の所得税と住民税が課税されるため、利用可能かどうか、税理士さんにチェックしてもらいましょう。なお、交換特例を利用した場合でも、底地を取得した借地人さんには、不動産取得税が課税されますのでご注意ください。

底地と借地の交換は、交換地の土地価格の評価から固定資産の交換特例を利用するための確定申告を行う税理士さん、土地の評価に応じて土地の分割を行う土地家屋調査士さん、所有権移転登記を担当する司法書士さんの協力が不可欠です。交換契約書も特有のものなので、底地と借地の専門家に相談することをお勧めします。

弊社でも、税理士さんや土地家屋調査士さん、司法書士さんや弁護士さんと共に連携し、慎重に交換プロジェクトを進めております。

底地・借地の悩みは解決できる！

いかがでしたか。このように、底地や借地には地主さん、借地人さん双方の希望や理想、考え、感情が関わってくるもので、それゆえにトラブルが起きることがあります。

長いお付き合いだった先代同士は顔見知りで仲が良い地主さんと借地人さんの関係であっても、相続を受けた子ども世代になると、双方が疎遠となり、コミュニケーション不足から、勘違いや思い込みなどから軋轢が生まれ、トラブルに発展してしまうことがあるのです。

私は地主さんや借地人さんの双方から様々な相談を受けているので、近年の底地・

借地のもめごとは、コミュニケーション不足やどちらか（又は双方）の権利主張が強い場合に多く発生しているように感じています。

本来、当事者間での解決が可能なはずの問題も、コミュニケーション不足で難しい時代になってきた現代では、私のように中立の立場で相談をお受けしたり、双方の立場で売却や買い取りをサポートする役割が求められているようです。


底地・借地のトラブルは契約内容や法制度に照らし合わせればクリアできますが、それより問題なのは、地主さん・借地人さんの間での感情のもつれが起きることです。人間関係が悪化すると気持ち良くないばかりか、その後にさらなるトラブルの遠因になることもあります。そうならないよう、両者の気持ちに寄り添いながら悩みや課題の解決をお手伝いするのが底地借地の専門家としての役割だと思います。

底地・借地は2つでひとつとも言える関係上、『お互い様』の考えがとても重要だと考えています。

例えば、地主さんが一方的に有利な要求や希望を借地人さんに突き付けたとしても、その交渉はまとまらない可能性が高いです。それどころか、その一方的な要求で借地人さんの心証を悪くし、将来の地主さん側からの相談等を快く受け入れてもらえない深刻な関係悪化にもなりかねません。従って、仮に地主さん側からのご依頼でも、双方の利益のためにも可能な限り、中立で公平な提案をするように心がけています。

次章以降では底地・借地の基礎知識、さらには地主さん、借地人さん双方のお悩みに対する具体的な解決策を解説しますので、ぜひ参考にしてください。

1章

底地・借地の基礎知識

序章では、底地・借地にまつわる「トラブルあるある」をご紹介しました。私自身も経験した、よくあるケースを取り上げましたが、底地・借地には、単純な貸し借りとは違った特殊な事情があることが少しでもわかって頂けたのではないでしょうか。

しかし、序章ではまずは概要を知ってもらいたく、専門用語を解説しないまま、底地・借地のお話をお伝えしたので難しい内容だったかもしれません。

そこで本章では、**用語解説をしながら、底地・借地の基礎知識**をお伝えします。底地・借地について、さらに理解を深めてください。

土地の賃貸借と使用貸借について

土地の貸し借りには大きく分けて2つの種類があります。**賃貸借**と**使用貸借**です。

土地の貸し借りという点では同じですが、大きな違いがあります。それは賃料の有無です。賃料を設定して貸し借りするのが賃貸借で、賃料の設定がない無償での土地の貸し借りが使用貸借となります。地主さんと借地人さんの間での土地の貸し借りでは、地代の授受がありますので賃貸借となります。一方で、実家の一部の土地を子に無償で貸し与え、子が自分で自宅を建築しているような土地の貸し借りは使用貸借となります。

さらにもうひとつ、大きな違いがあります。それは借地権の有無です。借地権の条件は、建物の所有を目的とした土地の賃貸借となりますので、借地人さんの土地利用の権利は借地権として借地借家法で強く保護されます。しかし、使用貸借では借地権が認められず、借主が亡くなったり、地主さんの変更などで土地の明渡しを求められる恐れがあります。原則として使用貸借契約は借主の死亡で終了となります。

つまり、実家の敷地の一部を自宅の敷地として無償で借り受けていた次男家族も、借主の次男が亡くなってしまった場合、土地所有者の父や兄などから、土地の明渡しを求められる危険性があるのです。

家族の安心安全な生活を守るためにも、土地を利用する権利は地代を支払ってでも、賃貸借契約である方が望ましいといえます。いくら身内間の土地の貸し借りであっても、相続などで事情が変わることもあり得ると考え、土地の貸し借りの際は慎重に判断をしてください。

底地（貸宅地）

地主さんが所有する土地で借地権が付いている土地

底地とは、**地主さんが所有する土地の上に、建物の所有・利用を目的とする借地権や地上権が付いている土地のことで「貸宅地」**とも呼ばれます。

簡単に言うと、地主さんから土地を借り受けた人が、そこで自宅を建てて利用している土地を「底地」といいます。この時、土地を借りた底地上の建物所有者のことを「借地人」といいます。

底地上の建物は借地人さんの所有物なので、地主さんが土地を自己使用したいと考えても、借地人さんに土地を返してほしいと明渡しを強制したり、建物を勝手に取り壊したりすることはできません。つまり、底地は一度貸し出すと半永久的に地主さんの自由に使用収益ができない土地となってしまうのです。

第三者からすると、底地を貸せば地代が得られ、手放せば売却益も期待できる優良な資産と思えます。確かに、底地の場合は借地権付きとはいえ、土地を貸すだけなので、通常のアパートやマンション経営と違い、建築コストや修繕等のコストや手間がなく、良い収益物件のようにも見えるかもしれません。

しかし、底地から得られる地代は低額なのが一般的で、都内23区の一戸建て30坪程の敷地でも月に2～3万円というのはザラです。一戸建ての土地を貸し出しても、駐車場1台分程度の収入しかありません。固定資産税を支払うことはできても、手残りは微々たるものとなります。アパート・マンション経営に比べると圧倒的に収益性は低くなります。また、売却しようにも、借地人さんが利用中の土地を購入する第三者はほとんどいないのです。さらに、序章で述べたようなトラブルに巻き込まれてしまうこともあります。法律や契約書でしっかりとした決まりがないことが多く、その曖昧さから、さまざまな問題が起きやすいのも特徴です。

また、底地は収益性が低いといって有効活用や相続対策を諦めている地主さんが多い中、土地の評価額だけは高額で、相続の際に予想もしない多額の相続税を課税されることもあります。

底地を多数所有される、昔からの地主さんからすると、とても頭の痛い話です。だからこそ、近年では地代や更新料、各種承諾料のトラブルに加え、底地の売却や有効活用など、底地に関する相談が増えています。

借地権

地主さんとの間で、毎月の地代等を設定し、建物保有目的で土地を利用する権利

借地権とは、**自宅など建物を建てるために地主さんから土地を借り受け、使用料を支払い、その土地を利用する権利**です。

仮に建物は建てず、駐車場や資材置き場のように、土地のみを利用するために借り受けている場合や、建物は建てるけれども、使用料を設定せずに無償で貸し借りする場合、この2つの場合には借地権は生じません。要するに、**建物所有目的の賃貸借が借地権の条件**となります。この借地権を得た借地人さんは、地主さんからの理不尽な立退き要求や、契約期間が満了したとしても、簡単には明渡しに応じる必要がないなど、最強の土地利用権を得たともいえます。

また、今日の借地権については、平成4年8月1日以降に新規に設定された借地権

と、それ以前から継続している旧法借地権の2種類が混在しています。本書で取り上げる借地権は、戦後あたりから続いてきた旧法借地権のことをさし、昨今のトラブルのほとんどは旧法借地権関連だといわれています。

さて、借地権は低額な地代負担で土地利用が可能な反面、借地上の建物の建替え（増改築）や建物の売却（譲渡）の際には、地主さんの承諾と承諾料の支払いが必要になることがほとんどです。つまり、**承諾を得られなければ、増改築や譲渡ができないという決定的な弱点**があるともいえます。

しかし、この弱点も、裁判所の許可を得ることで増改築や譲渡が可能となる救済措置のおかげで、多少はカバーできるのですが、建替え費用や借地権の購入費用としての住宅ローンが利用できない場合が多く、更に売却時においては、裁判所の許可物件=トラブル物件となりますので、一般の方への売却が非常に困難になります。従って、地主さんからスムーズに承諾を得られるかどうかが、借地での増改築や譲渡の成功の鍵となります。

現在のところ増改築や譲渡の計画がなくても、将来の増改築や譲渡の承諾を得るためにと、普段からできる限り地主さんと円満な関係を保つことが大切です。具体的には、長い借地の関係においては、契約更新に伴う更新料や地代の値上げの話し合いがあると思いますが、これらの話し合いに応じないなど安易に拒絶するのではなく、インターネット上でも周辺相場の調査等を行い、地主さんの提示が不当な要求でないようであれば、将来の保険のつもりで、できる限り要求に応える姿勢が大切です。もちろん、更新料や地代は話し合いで決める余地がありますので、無理のない範囲で値下げ交渉は行っても良いと思います。

ただし、度が過ぎると地主さんの心証を悪くするので注意が必要となります。このように、**借地権は地主さんとの関係次第で、将来の財産価値が左右される、大変珍しい権利**ともいえます。

都市部では借地権の権利の方が大きい

路線価図（国税庁HP）で借地権割合や土地価格の
目安を知ることができます。

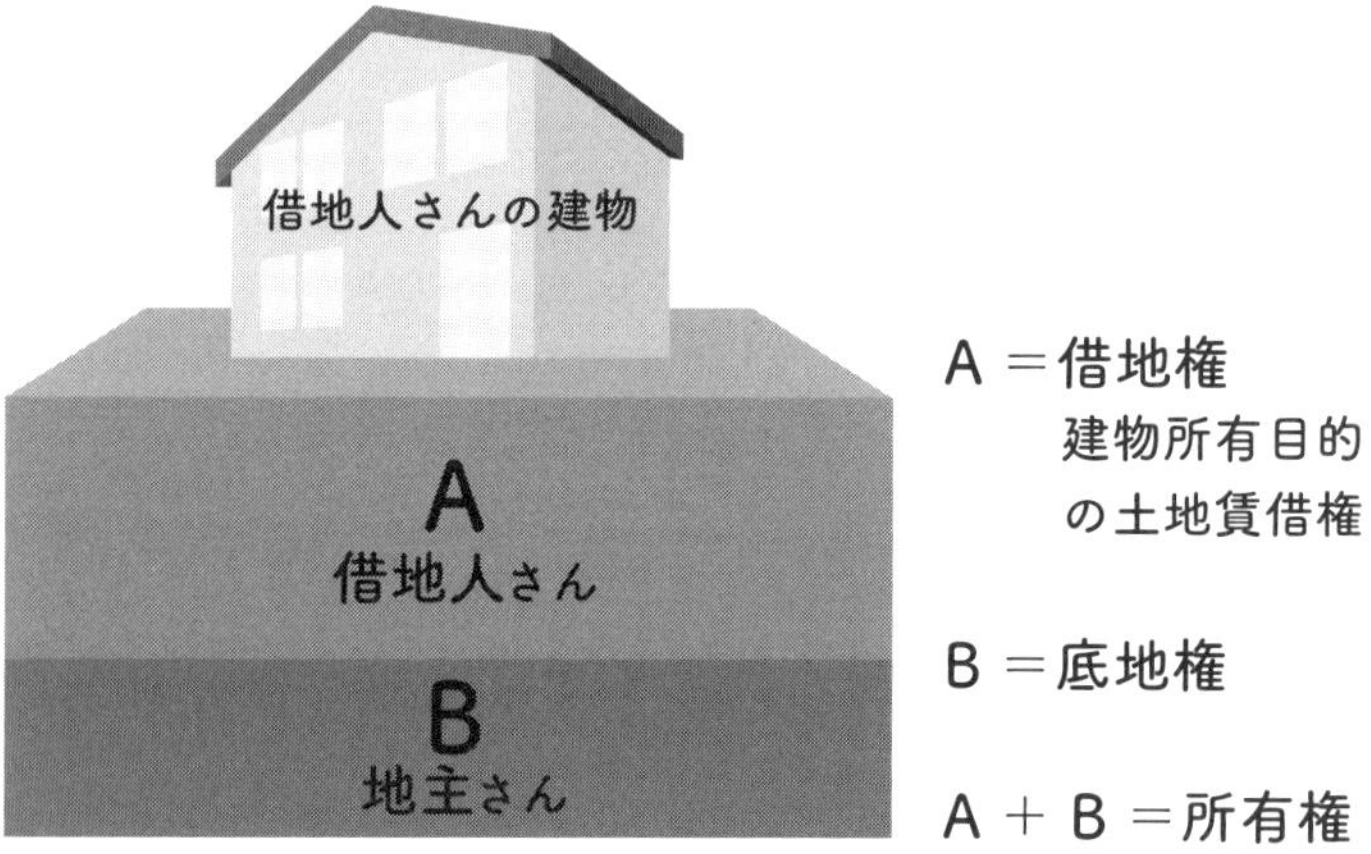

この底地・借地の土地賃貸借の関係において、借地人さんは様々なルールに縛られるだけでなく、毎月の地代の支払いの他にも多岐にわたる場面で費用負担が伴うなど、面倒が多いのも特徴です。次に、借地上の費用負担やルールについてご紹介していきましょう。

1 地代の支払い

借地の場合、**家賃とはいわず地代《じだい》**といいます。

地代は毎月末日までに翌月分を支払う前払い方式が一般的ですが、毎月末日に当月分という後払い方式もあります。その他にも半年分、1年分を前払いされているケースもあります。前払いか後払いで、地主さんと借地人さんの認識違いがあるケースもありますので、確認されておくと良いでしょう。

また、借地人さんにやむを得ない事情（病気やケガ、失職や相続などでも）が生じた場合でも、地代の滞納は許されるものではありません。滞納が続くと、契約解除となってしまいますので、無断で滞納を続けることはせず、地主さんに正直に相談するなどの対応が必要です。

一方で地主さんも地代の入金確認は怠らず、借地人さんの異変には早めに気付いてあげましょう。早期に借地人さんにお声掛けすることで、借地人さんの問題解決ができたり、滞納トラブル等を未然に防ぐことも可能となります。

また、地代に関する相談で多いのが、地代の値上げに関するトラブルです。多くの地主さんは現状の地代に満足していないので、値上げのチャンスを伺っています。反対に借地人さんにおいては、決して毎月の地代の支払いが安いものだとは考えていません。この立場の違いから、それぞれの考える地代の適正価格にも違いが生じてしまい、地代の値上げがトラブルに発展しているようです。地代は双方の合意で決定されるものなので、地主さんの一方的な要求に必ずしも応じる決まりはなく、地主さんの地代の値上げはとても厳しいのが現状です。地主さんとしては、借地人さんの建替えや譲渡の場面では立場が優位になることもあり、承諾の条件として地代の値上げもセットにすることで、地代の値上げに成功している例も多いです。

2 合意更新と法定更新

土地賃貸借契約は20～30年（それ以上も）と長期間の契約となります。

この契約期間が満了する時、土地を地主さんに返すのか、今後も継続して利用するのかは地主さんと借地人さんの話し合いで決めますが、最終的には借地人さんの意見が優先される傾向にあります。

さて、契約更新には2種類あります。1つは、更新料○○万円で、これまでと同じ条件で20年の期間延長をしましょうと、双方が合意して契約更新する「**合意更新**」です。

反対に、地主さんが更新を認めない、更新料の金額が折り合わない、契約条件の見直し等で地主さんと借地人さんの意見が合わないまま、契約期間の満了を迎えてしまい、借地人さんはそのまま土地を継続利用しているような、双方の合意によらず、自動的に更新されてしまった状態を「**法定更新**」といいます。法定更新の場合、木造住宅で20年の期間延長があったものとされ、地主さんの意向に関係なく、これまでと同条件で継続して土地利用が可能となります。法定更新の場合、地主さんは期待していた更新料も受け取ることができず、地代の値上げ等の契約条件の変更もできないまま、契約が自動更新されてしまうので、借地人さんとの関係が悪化してしまいます。よって、借地人さんに有利に映る法定更新ですが、法定期間中、増改築や譲渡を行う場合、地主さんの承諾を得ることが大変困難になってしまうという不利益があります。できる限り、地主さんとの契約更新の条件調整を行い、合意更新を目指しましょう。

3 更新料

更新の際、借地人さんが地主さんに支払うのが更新料です。

この更新料の支払いトラブルは特に相談が多いです。

「更新料の支払い義務はないと聞いたことがあるが、地主さんに支払う必要があるのでしょうか?」

「借地人さんが更新料を支払わないといっているが、何とかならないでしょうか？」

という具合です。

確かに、土地賃貸借契約書に、「更新時には更新料を支払う」という条文に加え、「更新料の具体的な金額」について明記がなされていない場合には、更新料の支払い義務が生じないとされることが多いです。昔からの借地の土地賃貸借契約書には、この更新料の具体的な取り決めがなされておらず、せいぜい、「更新料を支払って更新する」と記載がある程度ですが、これでも不十分で、更新料の具体的な金額の合意があったとはいえず、更新料の支払い義務があるとは簡単には認められません。

しかし、法律上の義務がないだけで、更新料を支払わないで良いのでしょうか？　借地は地主さんの承諾がなければ、増改築や譲渡が自由に出来ないと先に説明しました。更新料の不払いで地主さんとの関係を悪化させることは必至です。将来、地主さんの承諾や協力が必要な場合、地主さんの署名捺印付き書類の発行を依頼しても、発行してもらえない可能性がかなり高くなります。更新料は地主さんとの良好な関係維持だけでなく、将来の地主さんからの承諾等を円滑に受けるための「保険料」という側面もありますので、更新料を支払わない権利を行使することで、承諾を得る権利を失う可能性が高くなることを慎重に考慮しなければいけません。

とはいえ、法外な金額の更新料の支払いに対して、満額で応じることはありません。更新料にも相場というものがありますので、相場について下調べを行い、値下げ交渉を行っても良いでしょう。ちなみに、**更新料の相場は借地権価格の5~10%程度**といわれています。仮に更地価格が1坪当たり100万円、借地権割合60%のエリアに30坪の借地をしている場合、更新料の目安は90万円から180万円となります。

4 建物の増改築と承諾料

借地上にある建物を建て替えたり、大規模修繕をする際、地主さんの承諾を得るのが借地の決まりとなっています。(例外として、土地賃貸借契約書に「増改築の際は、地主さんの承諾が必要」という条文がなければ、地主さんの承諾なく増改築は可能ですが……)。

さて、増改築の承諾が必要となる場合、承諾を得るために地主さんに支払うのが**増改築承諾料で、更地価格の3%~5%が相場**だといわれています。仮に更地価格が1坪当たり100万円のエリアに30坪の借地をしている場合、増改築承諾料の目安は90万円から150万円となります。

また、木造の住宅から鉄筋コンクリートのマンションに建替えを行う場合、地主さんから用途変更の承諾を得る必要があり、この場合、**更地価格の10%の用途変更承諾料を支払う**ことになります。1坪当たり100万円のエリアで100坪の借地であれば、1000万円の用途変更承諾料と、かなり高額になります。

地主さんによっては、増改築は認めないこともあるかもしれません。やむを得なかったとはいえ、地主さんの承諾なく自宅の建替え工事を進めようものなら、地主さんから契約解除を通告される可能性もありますので、絶対にやめてください。どうしても、地主さんの承諾が得られない場合、裁判所に許可を求める救済措置（借地非訟手続き）がありますので、こちらを利用することも可能です。

ただし、借地非訟手続きにも金融機関の融資が困難になるという重大な欠点がありますので、できる限り地主さんから承諾を得るように頑張ってください。

5 借地権譲渡と承諾料（名義書換料）

借地人さんが借地上の自宅を売却や贈与する場合、借地権譲渡といって、必ず地主さんの承諾を得なければいけません。これは、譲渡の相手がお子さんやお孫さんなど身内であってもそうです。

また、借地上の建物の建替えを機に、お子さんと親子ローンで二世帯住宅を建築し、建物の名義を共有とする場合も地主さんの承諾が必要となります。共有の話を掘り下げると、借地権をAさんとBさんで共有（借地権の場合、準共有といいます）している状態で、Bさんが Aさんに持分を譲渡するとします。この準共有者間での譲渡の場合では、地主さんの譲渡承諾は不要とされますが、Bさんが自分の子や第三者などの準共有者以外に持分を譲渡する場合は、地主さんの承諾が必要となります。

それでは相続の場面ではどうでしょうか。

通常、借地権は相続が可能な財産なので、配偶者やお子さんに受け継がれることに、地主さんの承諾と承諾料は必要ありません。しかし、遺贈《いぞう》といって、遺言によって相続人以外の第三者に借地権を相続させる場合には地主さんの承諾が必要とされますので注意が必要です。

もうひとつ、借地人さんが法人の場合で、買収合併などで株主や役員などが入れ替えになったという例です。特に小規模な法人の場合、社長の交代で経営方針が大きく転換し、これまでとは全く別の会社となってしまう恐れもありますが、法人格の同一性が失われるものではなく、借地権譲渡には当たらないとされます。

一方で、個人の借地人さんが借地上で事業を行っていて、ある時、借地人さんが事業拡大のため、法人化しようとした場合も同様の問題が生じます。法人化の場合においては、地主さんの承諾を得る必要があります。しかし、うっかり地主さんの譲渡承諾を得ずに法人化した場合でも、これまでの土地の貸し借りと実態に変わりがなければ、仮に地主さんから無断譲渡による契約解除を通告されても、契約解除は認められないとされる傾向にあります。

では、地主さんの承諾を得る際に支払われる譲渡承諾料の相場はどの程度となるのでしょうか。**譲渡承諾料の相場は借地権価格の10％**となります。仮に更地価格が1坪当たり100万円、借地権割合60％のエリアに30坪の借地をしている場合は、譲渡承諾料の目安は180万円となります。

場合によっては地主さんの承諾が得られないこともあります。この場合、増改築の承諾と同じような裁判所に許可を求める救済措置（借地非訟手続き）がありますが、同様に融資が困難という重大な欠点がありますので、できる限り地主さんから承諾を得るように頑張ってください。

名　称	承諾料等の目安	概　要
更新料	借地権価格の5%～10%程度	木造の場合概ね20年に1回の手続き。更新後の契約条件や更新料について双方で協議し、合意に至れば借地人さんから地主さんに更新料を支払い更新する。合意できなかった場合は、法定更新（同条件で20年延長）となる。更新料は契約書に具体的に更新料の金額と支払う旨の記載がなければ借地人さんは支払う義務はないとされる。**ただし、地主さんとの関係が悪くなり、将来の各種承諾に悪い影響が生じる可能性が高い！　安易な支払い拒否は要注意！**
増改築承諾料	更地価格の3%～5%程度	借地上で建替えをする場合の承諾料。融資利用時は同時に借地上の建物に抵当権を設定する地主の承諾書も必要なので合わせて取得をする。室内リフォームや雨漏り修繕工事などは承諾を必要としないが、事前に地主さんに通知することをお勧めします。
譲渡承諾料	借地権価格の10%程度	借地権を第三者に譲渡する場合に必要。相続は該当しないが、相続人以外への遺贈は承諾が必要となるので要注意。
条件変更承諾料	更地価格の10%程度	木造（非堅固な建物）から鉄筋コンクリート造（堅固な建物）の建物に変更するなど、契約条件を変更する場合の承諾。

供託

トラブル中の地主さんに代わって法務局に地代を納める手続き

例えば、現状の月額地代が2万円の借地で、地主さんから「11月から月額3万円に地代を増額します」と値上げの要請を受け、借地人さんは地代の値上げに断固拒否して話し合いが平行線となっている場面を想像してください。地代の値上げを拒否したい借地人さんは、11月の地代をいくら支払えば良いのでしょうか?

当然、支払いをしないのは契約違反となってしまいますが、地主さんは「3万円じゃないと受け取らない!」と地代を受け取りません。受け取ってもらえないと言って、そのままにもできません。このような時、地主さんに代わって法務局が地代を預かる手続きを供託といいます。地代の話し合いが解決するまでは、従来取りの2万円を供託しておけば地代の滞納にはなりませんのでご安心ください。

同様に、地主さんが相続や売買など何らかの理由で変わり、借地人さんが地代の振込先がわからなくなった場合も、この供託手続きを利用します。

地主さんが地代を受け取らない、地主さんが行方不明だからと言って、地代の支払いをストップすることは大変危険ですので、この供託手続きを利用してください。

借地非訟手続

借地人さんが、地主さんの増改築や譲渡等の承諾に代わる許可を裁判所に願い出る制度

先述したように、借地人さんが自宅の建替えや自宅を売却する場合などは地主さんの承諾が必要です。ところが承諾は得られないままどうしても売買や増改築を強行したい場合、お勧めしたくはありませんが、借地人さんは裁判所のこの借地非訟手続を利用し許可を求めることができます。借地人さんに申し立てを受けた裁判所が地主さ

んの話を聞いて、譲渡や増改築の許可を出すか出さないかの判断を下します。多くの場合は許可されるようですが、この許可条件として承諾料の支払いが伴うことが多く、先程の相場程度の承諾料の支払いが必要となります。

この時、地主さんの意に反して裁判所の許可が出るわけですから、以降、地主さんと借地人さんの関係は最悪な状態になると重大な覚悟が必要です。重大な覚悟とは何なのか。ひとつは資金調達がとても難しくなることです。増改築の費用は銀行借入れが多いと思いますが、借入手続きにおいて、銀行から「地主の承諾書」を求められることがほとんどです。地主の承諾書とは、借地上の建物に銀行の抵当権を設定することや、万が一、借地人さんの地代滞納などで借地契約の解除を行う際、事前に銀行に通知してくださいといった、借地権を担保にとる銀行の保険となる重要な書類です。この地主の承諾書がないと融資をしないという銀行は多いです。時には地主さんの実印の押印や印鑑証明書の添付も求められます。地主さんとの関係が良好でなければ、とても地主の承諾書を得ることはできません。

つまり、借地非訟の手続きで増改築の許可を得ても、銀行の借入れは困難で、増改築は現金で行わざるを得ず、多くの場合は増改築を断念することになってしまいます。

さらに、東京23区内の多くでは、木造住宅が密集した地域を不燃化特区と指定し、古い木造建物を取り壊したり、建て替えたりする際に、区が解体工事費用等を助成してくれる制度があります。

借地人さんが自宅を建替えたり、売却したりする時に、とてもありがたい制度で、なんと、最大で解体工事費用全額の助成を受けることができる場合もあります。この助成金の申請手続きに、借地の場合は「地主の承諾書」が必要になります。

しかし、借地非訟手続を経て、地主さんと関係が悪化している場合は、この承諾書に地主さんの署名捺印がもらえないことが多いのです。建物解体工事費用は100万円とか200万円という大きな金額になることが多く、もし助成金を受けられないとなると借地人さんには大変大きな損害となってしまいます。

もうひとつの重大な覚悟は、借地権の価値を大幅に損なう可能性が高いということです。地主さんの承諾を得られず、裁判上の手続きで借地権売買の許可を得たという情報は、買主さんに必ず伝えられる重要事項説明のひとつとなります。地主さんの承諾が得られない？　裁判上の手続き？　こう聞けば、一般のお客さんは不安に思い引いてしまいます。仲介する不動産屋さんも地主さんに嫌われることを恐れ、広告や販売を躊躇うことでしょう。

このように、裁判上の手続きで許可を得たとはいえ、世間一般的には「訳あり物件」として扱われることになります。加えて、先述の通り銀行の融資を期待できませんので、現金で購入可能なお客さんに限られます。借地権とは言え、都心であれば数千万円もの価値がある場合もあり、現金で購入する方は多くはないでしょう。

むしろ、お金持ちは借地権を選択しないことが多いので、このような物件の購入者は不動産買取り業者や投資家に絞られます。彼らもこのような訳あり物件は他に買い手がいないことを熟知していますので、必ず買い叩いてきます。相場の半値以下ということは多々あり、数百万から1000万円以上も価格が下がった例は沢山あります。30坪ほどの住宅で更新料は100万円～200万円程度かと思います。これを支払わなかったことで1000万円もの将来価値を失うのです。

更新時は自宅の売却など想定していなかったという借地人さんがほとんどです。地代の値上げでもそうです。月額坪800円の地代を坪900円に値上げを要求されたとします。30坪の借地で坪100円の値上げで毎月3千円の増額、年間で3万6千円、20年間で見ると72万円です。家計への影響は小さくはないですが、20年の間に自宅の建替えや売却が必要になることがあるかもしれません。その際に、地主さんからスムーズに承諾を得るための保険料と捉えるなら安いと考えることもできるかと思います。

「あの時更新料を支払っておけば良かった」、「地主さんの承諾が必要だとは知らなかった」という後悔は取り返しがつかないことになって初めてご理解頂けるようです。

一部の弁護士さんや専門家という人たちの中には、「更新料は払う必要はない！　値上げに応じる必要はない！　地主の承諾がなくても、裁判所の許可が取れるから問題ない！」と借地人さんに助言しているようです。本当に借地人さんのことを考えているのであれば、そのような助言は適切ではないと思います。

一時的な費用負担が伴うにせよ、最終的には借地人さんの利益につながることを丁寧に説明すべきで、地主さんからの不当な要求でない限り、更新料等は相場を目安に取り決め、できる限り地主さんに支払うよう借地人さんに助言すべきだと思います。

地主さんと借地人さんの争いにおいては、短期的には更新料の支払いを免れるなどの利益を得ることができるかもしれませんが、中長期的に見ると、先述の通り、借地人さんが受ける被害や不利益があまりにも大きいからです。借地非訟手続は最終手段です。あまりお勧めしないのは、こうした理由があるからです。

2章

“地主さん側から見た”トラブルの解決方法と底地の有効活用

序章・1章を通じて、起こりうるトラブルや基礎知識を学び、底地・借地に対する理解が深まったと思います。地主さん、借地人さんの中立の立場で、よりよい解決策を提案するのが、私の仕事ですが、本章では〝あえて〟地主さんの立場に立って、「よくあるトラブルの解決策と底地の有効活用方法」について、ご紹介してまいります。

今日、底地を保有される地主さんの多くは、相続などによる代替わりで底地を取得されたという方が多く、ご自身が土地を貸し出した当事者であることが少なくなっています。そのため、土地を貸し出すことになった経緯、借地人さんの事情や関係に詳しくないのも無理はありません。

さらに、昨今は、他人にあまり干渉しないことを良しとする時代です。借地人さんの顔はおろか、名前すら記憶していない地主さんもおられます。

また、今のような情報化社会では、底地借地に関するルールや相場等の情報が簡単に手に入れられることから、例えば更新料の授受においては、過去の慣習という理由だけでは、簡単に借地人さんの理解を得ることが難しくなっており、地主さんとしては、納得がいかないことも多くなっているのではないでしょうか。

このように、トラブルの多くはコミュニケーション不足による誤解や勘違いと共に、昨今の情勢に合わせた更新料や地代の相場等の知識不足が主な原因となっています。

コミュニケーションを取ることが難しい現代においては、トラブルを未然に防ぐ第一歩として、地主さんには最低限の知識や相場を把握しておいて頂きたいと思います。

適正な地代と値上げの方法

「適正地代がわからない」という問題、悩みを抱えている地主さんは少なくありません。もう何年も地代を変えていないという底地においては、「地代を値上げしたいけど、地代の相場がわからない」という地主さんが多くおられます。

そこで知っておきたいのが、地代の相場です。

地代とは、その土地ごとに地主さんと借地人さんの合意により金額が決定されるものなので、一律いくらという規定はありません。また、実際に授受されている地代を示す資料が大変少なく、地主さんも借地人さんも、簡単に適正な地代の金額を知る術がありません。裁判のために地代の適正価格が正確に必要というのであれば、不動産鑑定士に依頼して算出してもらう必要がありますが、借地人さんとの話し合いのためであれば、費用の面からもそこまで必要がないというケースが多く、一般的に使われる目安等を基準に仮に地代を算出し、あとは借地人さんとの話し合いで、地代を決定するという方法が良いかと思います。

そこで、一般的に使われる地代（年間）の目安ですが、一般的には固定資産税・都市計画税の合計額の3倍から5倍といわれています。この範囲の地代と現行の地代を比較して調整を行い、借地人さんと話し合いで決定すると良いでしょう。ただし、地代の値上げには借地人さんの合意が必要になりますので、急激な値上げを要求したのでは、借地人さんの合意を得ることは難しいと思います。このような場合は、3倍～5倍の間を取り、4倍で交渉してみるなどの調整が必要になります。借地人さんは地代の値上げを拒否することも可能ですので、地主さんとしては、不本意かもしれませんが、借地人さんに歩み寄りの姿勢を示すことが、地代の値上げ成功のポイントともいえますので、ご検討ください。

【例】仮に値上げ予定の底地の固定資産税・都市計画税の合計額を5万円とすると、値上げで目指したい地代（年間）の目安は、固都税の3～5倍⇓15万円～25万円となります。

地代の算出方法はいくつかの手法があり、地主さん、借地人さんの立場で主張する地代にも開きが生じることが多いのも事実です。その場合は話し合いで地代を決めていくことになりますが、なかなか交渉が進まなかったり、値上げを拒否されてしまうと、借地非訟手続きなど裁判所に頼ることになります。その際は、不動産鑑定士に適正地代を算出依頼し、これを基に地代を争い、最終的に裁判所の判断を仰ぐことになります。

裁判所の手続きでは、時間と費用がかかるばかりか、裁判所の判断により、想定よりも安くなることも考えられます。できる限り借地人さんとの間で話をまとめたいところです。

地代の滞納にどう対処すればいい？

地主さんのなかには、借地人さんの地代の滞納という問題に直面することもあると思いますが、〝とりあえず様子を見るだけで何もしない〟という地主さんは多いようです。しかし、いつまでも何もしないのは良くありません。できるだけ早く借地人さんにコンタクトを取り、滞納に至った事情を聞き、支払いの目途を確認しましょう。それでも借地人さんの地代滞納が改善しない（見込みがない）という場合は、契約の解除と明渡しなどの法的な手続きも検討しないといけませんので、催促したのに支払いがなかったという証拠を残すなどの対応が必要となります。

簡単にまとめますと、地代の滞納が始まったら、次のように順を追って対応をしていきます。

①借地人さんに電話や手紙で事情を聞く（催促する）
②内容証明郵便にて催促する（①の催促でも支払いがないなど）
③契約解除手続きを進める（3か月以上滞納が続き、借地人さんに支払う意思がないなどの際、弁護士などの専門家に相談）

最終手段で契約解除手続きへと進めますが、この手続きも実は、簡単ではありません。地代滞納を原因とする契約解除の場合、最低でも3か月の地代滞納が必要ともいわれますが、それだけでの理由で、地主さんは簡単に契約解除ができるとは限らないのです。合わせて〝信頼関係の破壊〟に至った諸事情も必要とされるからです。契約解除通知を受け取った借地人さんは驚き、何とか契約解除を免れようと、泣きついてきたり、地代の一部を支払ってくることもあり、事態がより複雑になることもあるでしょう。

また、契約解除をしても、次は土地の明渡しの問題があります。地代の滞納状態にある借地人さんに対して、自己負担で建物を解体してもらうよう、原状回復を要求しても、簡単に応じてもらえるはずもありません。当然、地主さんが勝手に建物を取り壊すこともできません。

このように、借地契約の解除から明渡しまでの手続きは簡単なことではありませんので、弁護士や裁判所に頼ることになります。したがって、地代の滞納が発生した場合、速やかに借地人さんに催促をするなどの対応で、その都度、迅速に解決を図っていくことが大切になります。滞納が続くようなら事態を放っておかず、速やかに専門家に相談するように心がけてください。

借地人さんに更新料の支払いを拒否された……

借地人さんによる更新料の支払い拒否など、更新料に関する問題を抱えている地主さんも多くいらっしゃいます。更新料の問題が発生しやすい原因として、時には百万円単位にもなる高額な更新料の負担があるかと思いますが、「更新料は支払う義務がない」という、情報によるものも原因のひとつになっているかと思います。

更新料の支払い義務については、土地賃貸借契約書に更新時に更新料を支払う旨の定めとともに、その更新料の金額について、具体的な金額や計算式までも記載がなければ基本的に支払う義務があるとはいえないとされます。これまで一般的に利用されてきた旧法借地権の土地賃貸借契約書には、このような具体的な記載がないケースがほとんどでしたが、慣例的に借地人さんは地主さんに更新料を支払ってきたようです。なぜかというと、「理由はわからないけど、今まで支払ってきたのに、急に支払わないとなれば、地主さんとの関係が気まずくなるから」という答えが多数のようです。

しかし、昨今の情報化社会では、更新料の支払いについての記事や判例などの情報が簡単に手に入るので、一部の借地人さんは、「地主さんと親しくお付き合いしているわけでもないので、支払い義務がないのであれば、更新料の支払いを拒否したい」と考えるのです。こうして、最近では更新料の不払いというようなトラブルが多くなっているのです。

では、地主さんはどのように対処すれば、更新料を受け取れるのでしょうか？

それは、契約書の再整備をするしかありません。再整備する契約書に、更新時の更新料支払いを要するると記載するとともに、更新料の金額や計算方法を明確に記載しましょう。現在の土地賃貸借契約書には、せいぜい、「更新時には相当の更新料を支払って更新することができる」という記載がある程度かと思います。相当の更新料では、更新料の明確な取り決めがあったと認められないと判断され、更新料の支払いを拒否される可能性がありますのでご注意ください。

将来の更新料を事前に取り決めることは、借地人さんの立場においても、安心して借地を続けられることにもなりますので、上手に説明をして借地人さんの理解を得てください。この時、更新料不払いの効果（譲渡承諾や建替え承諾に応じられない）についても説明をすると良いかと思いますが、上手に説明をしないと、逆に不信感を与えてしまう可能性もありますので、慎重に説明を行ってください。

しかし、契約書の再整備は簡単ではありません。何もない時に、契約書の再整備をしようにも、借地人さんは不審に思い、応じてくれないでしょう。また、契約更新の時であってもそうです。「次回以降の更新料は義務になります」となれば、これまで慣例的に支払っていた借地人さんでも抵抗感は強く、契約書の再整備は簡単ではないはずです。このように、契約書の再整備は簡単ではないのが実情です。では、地主さんは諦めざるを得ないのでしょうか？

比較的にうまく契約条件の見直しが期待できる場面があります。それは、借地人さんからの要望に、地主さんが承諾する・しないの強い立場となる、借地権譲渡や増改築の時です。この時ばかりは、借地人さんも地主さんからの承諾がどうしても必要なので、必然的に地主さんは優位な立場となります。借地権譲渡や増改築の場面では、土地賃貸借契約書を再作成することが多いので、この時に更新料の条項を具体的に記載しておくと、更新料のトラブルも大幅に減らすことができるでしょう。ちなみに、地代の値上げもこの時がベストタイミングともいえますので、併せて検討すると良いでしょう。

借地人さんから求められる各種承諾に、どう対応すれば良いのか？

地主さんは、借地人さんから様々な承諾を求められます。安易に承諾をしてしまえば、取り返しのつかないことになることもありますので、正しい知識を身につけ対応してください。

1 建替え承諾（増改築承諾）

借地上の建物は借地人さんの所有物なので、本来は自由に増改築が行えますが、土地賃貸借契約で、〝増改築禁止特約〟という増改築を地主さんの許可なく行ってはいけないというルールが設けられている場合、借地人さんは地主さんの許可なく増改築を行うことができません（裏を返せば、増改築禁止特約がなければ、地主さんの承諾なく借地人さんは増改築が可能となります〔新法の借地権かつ更新後の場合は除く〕）。

多くの土地賃貸借契約書には、この増改築禁止特約がありますので、借地人さんは地主さんに対して、増改築の承諾を求めてくることになります。そこで、地主さんは増改築を承諾するか、しないかの判断をします。この判断に際して、借地人さんから新築予定の建物の概要を聞いたり、図面の提示を受けたりする場合もあります。

承諾をすれば、承諾の日から20年間の期間延長（非堅固建物）となります。承諾をしない選択も可能ですが、承諾を得られない借地人さんは、裁判所に建替えの許可を申し立てる救済制度（借地非訟手続）がありますので、完全に建替えを止めることができるというわけではありませんのでご注意ください。

承諾料の支払い時期についてですが、多くは承諾書と引き換えとしますが、なかには借地人さんが行う建築確認が下りた後でお願いしたいという場合もあります。そこは話し合いで決めてください。

承諾料の受領後には、新たな土地賃貸借契約書を作成、取り交わすことで、建替え承諾の一連の手続きは終わりとなります。

余談ですが、古家の解体工事から新居の建築工事期間も、土地賃貸借契約の期間内に含まれるのが可哀そうだということで、1年間の工事期間を加算し、契約期間を21年と設定される地主さんもおられますが、これも20年以上の契約期間であれば、自由に決めることができますのでご参考までに。

建替えを承諾する場合には、建替え承諾書を作成し、借地人さんに発行しますが、まずは承諾条件を検討する必要があります。

参考に、建替え承諾をする場合、借地人さんと取り決める、主な内容は次のとおりです。

【建替え承諾で取り決める主な内容】

Ⓘ新築建物の種類（堅固、非堅固）、用途（自宅、共同住宅、店舗）、規模（階数、床面積）

Ⓡ承諾後の契約期間（非堅固建物の場合、承諾の日から20年　※旧法の場合は別途検討要す）

Ⓗ新規地代（この機会が値上げのチャンス）

Ⓝ建替え承諾料の金額と支払い時期（相場：更地価格の3％〜5％）

Ⓗその他、状況に応じて追加

以下、参考に建替え承諾書のサンプルを記載します。

建替え承諾願い書

令和●●年●●月●●日

賃貸人　●●●●　御中

住　所　▲▲▲▲▲▲
氏　名　▲▲　▲▲　㊞

私が貴殿より賃借中の下記表示土地におきまして、既存建物を取壊し、下記表示の新築予定建物に建替えを行いたくご承諾をお願い致します。

≪賃貸中の土地の表示≫
所　　在　●●区●●
地　　番　●●番●●
地　　目　宅地
地　　積　●●㎡
≪新築予定の建物の概要≫
構　　造　木造　地上2階
床 面 積　1階　●●㎡　2階　●●㎡　延床面積　●●㎡
用　　途　住宅
※別紙、平面図、立面図の通り。軽微な床面積の増減が生じる場合があります。

以上

建替え承諾書

賃借人　▲▲▲▲　殿

私は、貴殿の上記承諾願いにつきまして、下記の条件にて承諾致します。

記

≪承諾の条件≫
①建替え承諾料として金●●●●円也のお支払い(本日から1か月以内)
②非堅固建物に限る
③契約期間20年延長(建替え承諾料支払い日を起算日とする新たな土地賃貸借契約書を取り交わして頂きます)
④新規地代　●●●●円（新たな土地賃貸借契約書締結の翌月分より）
⑤本書の有効期限は本日より6カ月間とします。

以上

令和　　年　　月　　日
住所
賃貸人
氏名　㊞

豆知識

増改築禁止特約でいう「**増改築**」とは、以下のものを指すと言われています。

・**増築**（床面積の増加、附属建物の新築など）

・**改築**（建物の一部の建て直し、再築など）

・**建築物の主要構造部**（**壁、柱、床、はり、屋根、階段**）**の一種以上について行う過半の修繕**（大規模修繕。建築基準法2条14号）

2 借地権譲渡承諾

借地人さんが自宅を売却する場合、地主さんの承諾が必要となるため、借地人さんから、「譲渡承諾を頂けるのか」また、「譲渡承諾の条件がどのようなものなのか」といった相談があると思います。この時、安易な返答をしてしまうと、後日、借地権譲渡を承諾しない場合や、承諾する場合でも、承諾料等で揉めることになりますので注意が必要です。

また、多くの場合は販売前ということもあり、この借地権譲渡承諾の判断を求められても、どのような人が新たな借地人となるのかもわからず、判断がしづらいかもしれません。地主さんによっては、新たな借地人さんとの面談や勤務先や年収のわかる資料として、源泉徴収票の提出を求め、総合的に判断されることもあります。

借地権譲渡を承諾した場合でも、建替え承諾とは違い、自動的に20年（非堅固建物）の期間延長とされず、期間は従来の土地賃貸借契約の残存期間となります。

また、その他の契約条件についても、基本的には、従来の土地賃貸借契約の内容を、新借地人さんがそのまま承継することが多いのですが、この機に地代の値上げや更新料の特約を盛り込むなど、新たな土地賃貸借契約書の取り交わしを承諾の条件としても良いでしょう。

このような条件の調整が付けば、借地人さんから借地権譲渡承諾書の発行を求められると思います。参考に、借地権譲渡承諾書に記載する主な内容は次のとおりです。

【借地権譲渡承諾書に記載する主な内容】

㋑契約内容（地代、面積、期間、用途）
㋺譲渡承諾料（相場：借地権価格の10％）
㋩その他（必要に応じて）

以下、参考に借地権譲渡承諾書のサンプルを記載します。

借地権譲渡承諾書

令和●年●月●日

賃借人　●●●●　殿

賃貸人住所　●●●●
氏　　名　●●●●　㊞

私は、私の所有に係る後記表示の土地について貴殿に賃貸中でありますが、当該土地の賃借権を下記条件にて譲渡することを承諾します。

記

①　借地条件の確認	目　的	非堅固建物の所有(居住用に限る)
	面　積	●●㎡
	地　代	月額　●●●●円（1㎡あたり●●円）
	期　間	令和●年●月●日～令和●年●月●日
②　承諾料の支払い	譲渡承諾料として●●●万円を、新たな借地権者との土地賃貸借契約の時迄に、私の指定する口座宛にお支払い下さい。	
④　その他の事項	(1)次回契約更新時の更新料は、借地権価格の●%相当額とします。 (2)借地上の建物の建替えについては、建替え承諾料●●万円の支払いを条件に承諾します。 (3)借地範囲の明示について、貴殿で測量会社を手配頂ければ、現地立会や境界確認図等の署名捺印に無償にて協力致します。 (4)貴殿より預託する敷金・保証金はありません。	

【借地権の表示】

所在　●●区●●
地番　●●番●●
地目　宅地
地積　●●㎡

3 金融機関の承諾書（地主の承諾書）

借地人さんの建替え費用や借地権購入費用は、一般的には金融機関の住宅ローンなどの融資を受けて、建替えや購入をするケースがほとんどだと思います。この住宅ローンなどの融資申し込みに際して、金融機関は借地人さんに対し、地主さんから承諾書を取得し、提出するよう求めます。

この承諾書は主に以下のような承諾事項が含まれています。

①借地上の建物を抵当に差し入れること

②借地人さんの地代滞納などで、土地賃貸借契約を解除するような場合、地主さんは、事前に金融機関に通知すること

③土地を譲渡する場合、地主さんは事前に金融機関に通知をすること

この承諾書に、地主さんの実印の捺印と印鑑証明書の提出を求める場合もあります。また、借地人さんの借金なのに、地主さんの土地に抵当権を設定することを承諾するような内容が含まれている場合もありますので、承諾書を含む書類の署名捺印時には、しっかりと内容を確認することです。知らないうちに、自分の土地が、借地人さんの借金の担保に取られていたという例も実際にありましたので、ご用心ください。

さて、建替え承諾や借地権譲渡承諾とセットでお願いされることが多い、この金融機関の承諾書ですが、借地人さんにとって最も重要な書類のひとつになります。

この金融機関の承諾書は、建替え承諾や借地権譲渡承諾とは違い、裁判所でも地主さんの代わりに発行してくれることはありません。この承諾書がなければ、住宅ローンなどの金融機関の融資はとても困難なことになり、借地人さんの自宅の建替えや借地権譲渡の計画が達成できなくなる可能性が高いので、借地人さんにとっては死活問題です。したがって、地代の値上げや更新料の条項の追加など、地主さんの要望がとおりやすい絶好の機会ともいえますので、この機会に契約内容の見直しをすると良いでしょう。

土地賃貸借契約の終了には、どのような対応が必要か

長く借地の関係を続けていると、いつか借地の関係にも終わりを迎える時がありま す。借地人さんから、「長くお世話になりました、更地にして土地をお返しします」 ということもあれば、「借地が不要になったので、地主さんで買い取ってもらえます か?」ということもあります。どちらの場合でも、借地人さんとの間で、何らかの取り決めをしておかないと、将来トラブルに発展してしまうこともあります。そこで、このような土地賃貸借契約の終了に際しては、「解約合意書」を作成し、双方で取り交わすと良いでしょう。

【解約合意書に記載する主な内容】

㋑明渡し日
㋺建物の取り扱い（更地なのか、建物は残すのか）
㋩明渡し料の支払いを行うか、行う場合は金額と支払い時期を記載
㋥その他（必要に応じて）

以下、解約合意書（無償返還の例）のサンプルを参考に記載しておきます。

解約合意書（案）

賃貸人　●●●●（以下「甲」という。）と賃借人　●●●●（以下「乙」という。）は，別紙物件目録記載１の土地に関する甲乙間の借地契約の終了及びこれに伴う同土地上に存する別紙物件目録記載２の建物等の収去並びに別紙物件目録記載１の土地の明渡しに関して，以下のとおり合意した。

第１条　甲及び乙は，別紙物件目録記載１の土地（以下「本件土地」という。）に関する甲乙間の借地契約（以下「本件契約」という。）が本日合意解約により終了したことを確認する。

第２条　甲は，乙に対し，令和●年●月●日（以下「明渡日」という。）まで，本件土地の明渡しを猶予する。

第３条　乙は，甲に対し，本件土地を，明渡日限り，明け渡す。

２　乙は，本件土地上の別紙物件目録記載２の建物（以下「本件建物」という。）、その他一切の工作物（物置，塀，門扉，植木を含むがこれに限らない。）を乙の費用で収去することを承諾し，これに異議を述べない。

３　乙は，甲に対し，本件建物の収去完了後，自ら直ちにその滅失登記を行う義務を負う。

第４条　乙は，甲に対し，前条の明渡しに関して，立退料その他名目の如何を問わず一切の金銭的請求を行わない。

第５条　乙は，甲に対し，本日より本件土地の明渡しが完了した日まで，ひと月あたり金●●●●円の賃料相当損害金を支払うものとする。

第６条　甲及び乙は，両者間に本件に関して本合意書に定めるもののほか，何らの債権債務がないことを相互に確認する。

以上の合意を称するため，甲及び乙は本書２通を作成し，署名捺印の上，各自１通ずつを保持する。

令和●●年●●月●●日

住　所
賃貸人　甲
氏　名　　　　　　　　　　㊞

住　所
賃借人　乙
氏　名　　　　　　　　　　㊞

物　件　目　録

１　土地
所　在　　●●区●●
地　番　　●●番●●
地　目　　宅地
地　積　　●●●・●●平方メートル

２　建物
所　　在　　●●区●●　●●番地●●
家屋番号　　●●番●●の●●
種　　類　　居宅
構　　造　　木造瓦葺２階建
床 面 積　　１階　●●平方メートル
　　　　　　２階　●●平方メートル

底地の有効活用について

借地人さんに土地を貸している地主さんのなかには、有効活用なんかできっこないとあきらめておられる地主さんもいらっしゃるかもしれませんが、そんなことはありません。借地人さんの協力が必要な場合もありますが、いくつかの有効活用の方法についてご紹介致します。

㋑底地と借地の等価交換

借地人さんが2棟以上の建物を保有していたり、借地人さんのご自宅前や隣に広い庭や駐車場があったりと、ある程度広い底地の場合に利用可能な方法です。しかし、交換は借地人さんの合意を得ないことには、地主さんが単独で進めることはできませんので、必ずしも利用可能というわけではありません。将来、借地人さんから、借地権を買い取ってほしいという相談があったり、更新を機会に借地の関係を解消したい場合であったりの際の参考に、覚えておくと良いかと思います。

さて、底地と借地の等価交換ですが、地主さんの土地は半分程度になってしまいますが、借地人さんとの借地関係を解消し、地主さんは完全な所有権の土地を取り戻すことができます。地主さんは、この戻った土地にアパートを建築したり、コインパーキングにしたりと有効活用が可能です。等価交換の場合、いくつかの要件をクリアすると、固定資産の交換特例を利用することが可能で、所得税の負担がなくなりますので、利用されると良いでしょう。

交換契約書の作成、固定資産の交換特例の利用、土地の分筆登記など、専門家のアドバイスなしでは、交換の組み立ては難しいので、弊社のような専門家に相談することをお勧めします。

ⓡ底地と借地の同時売却

名前の通り、地主さんの底地権と借地人さんの借地権を同時に第三者に売却する方法です。同時に底地権と借地権を取得する第三者は、完全な所有権の土地を取得することになり、通常の更地を取得するのと変わりはありません。この同時売却を選択した、地主さんと借地人さんは、それぞれがバラバラに単体で売却する時に比べ、好条件で売却することが可能です。

この同時売却についても、借地人さんの合意がなければ、地主さんが単独で進めることができず、借地人さんから、地主さんに借地権を買い取ってほしいというような要望があった場合に利用する方法となります。

地主さんは、借地権買取り費用の準備が必要なく、底地を好条件で売却することが可能です。この売却代金を頭金にアパートを建築したりする地主さんもおられます。

㈧借地権の買取り

借地権の買取りは、すなわち、借地人さんを追い出すことになりますので、交渉は非常に慎重に進める必要があります。地主さんがいくら優しく「借地権を買い取っても良いですよ」と言ったとしても、借地人さんからすれば、「地主さんから立退きを迫られた！」となってしまい、弁護士などが介入することも少なからずあります。

また、地主さんの都合やタイミングで借地権買取りを申し入れると、高額な借地権買取り費用を要求される場合もあります。借地権買取りは、借地人さんからの借地権買取りの申し出や借地権譲渡の申し出時がベストタイミングだといえます。借地権譲渡の場合、地主さんには借地権譲渡を承諾しないという強権がありますので、この時は比較的有利な条件で借地権を買い取ることができる場合もあります。

地主さんによっては、「土地を利用することがなくなったのであれば、土地は地主に戻してほしい」と言って、借地権譲渡承諾ばかりか、銀行の融資などにも一切の協力をしないスタンスで借地人さんと交渉を進め、非常に好条件で借地権を取り戻すことに成功したケースもあります。買い戻した土地については、アパートや駐車場として、有効活用が可能です。

㈡底地の売却

低収益の底地を売却し、その売却代金でアパートを建築したり、マンションを購入したりと、収益を上げることを目指した底地の売却です。この底地売却には底地買取り業者への一括売却と専門家への業務委託による借地人さんへの直接売却と大きく2つの方法があります。詳細は、次の項にて、深く掘り下げて説明します。

底地の有効活用は、借地人さんの協力なくして進められないことがおわかり頂けたかと思います。同時に、借地人さんからの借地権買取りや借地権譲渡の申し出の打診があった場合、これは地主さんにとって非常に大切な場面となることもご理解頂けたのではないでしょうか。このタイミングを逃すと、次は何十年も先になってしまうかもしれません。借地人さんからの申し出には真剣に耳を傾けると同時に、専門家へ意見を求めるなど、迅速で適切な対応を取られることで、必ず底地の有効活用の成功につながっていくと思います。

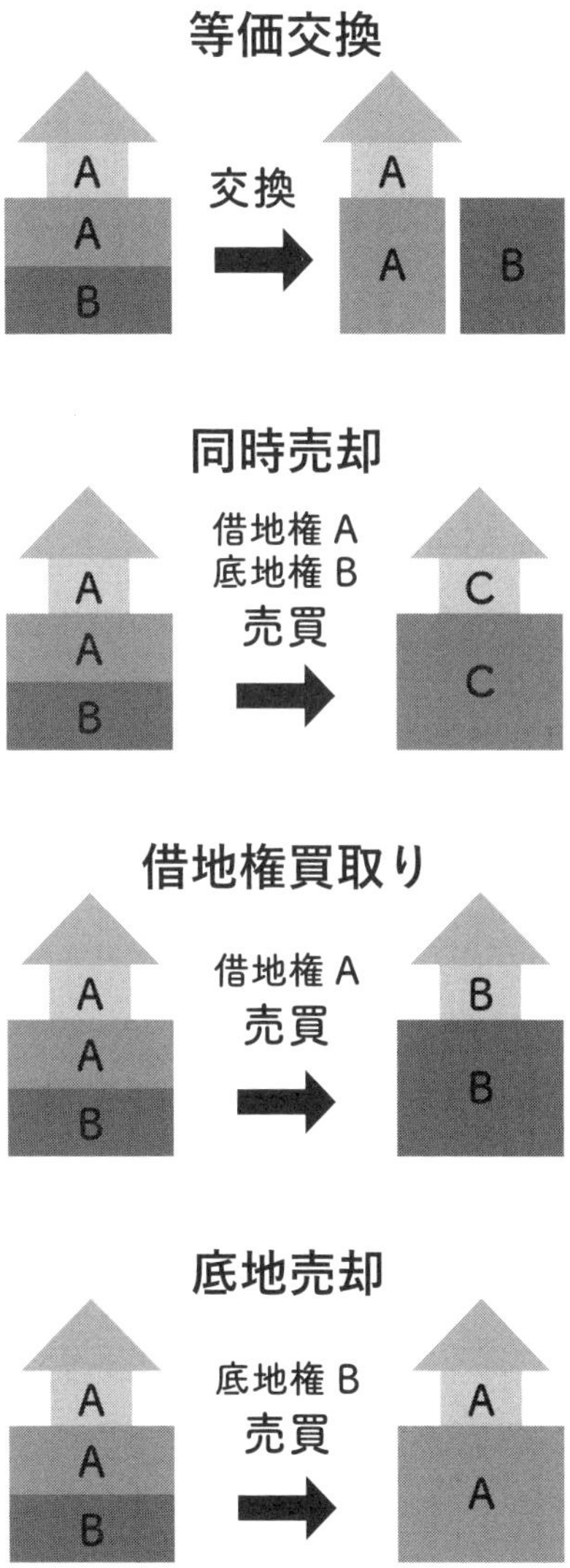

どうか、チャンスを逃さないよう、お気を付けください。

底地を売却する方法

地主さんは、安い地代を受け取り、そのなかから固定資産税都市計画税を支払います。その結果、手残りは僅かばかりとなってしまいがちです。20年に1度の更新料も、満足に受け取れないことすらあります。

そんななかで、相続が発生すれば高額な相続税の負担も生じてしまいます。何とか相続税を納めたとしても、地代で相続税を回収しようと考えても不可能に近いと思うこともあります。

また、底地は低収入の割に、土地の評価が高くなってしまうのが特徴で、地主さんの相続税の負担は大きなものになってしまいます。そこで、相続税対策として、底地を売却しましょうと、税理士さんから勧められ、弊社をご利用頂く地主さんも多いです。

しかし、底地・借地はそう簡単に売却できるものではありません。問題となるのは、やはり借地人さん（借地権）の存在です。借地人さんが持つ借地権は非常に強い権利なので、相続税を支払うためにやむを得ない理由であっても、その土地を明け渡してもらうことはほぼ不可能です。つまり、借地人さんに立ち退いてもらい、更地にして高く売却しようと考えても、実現は不可能に近く、現状の底地（借地権付きの土地）のまま、売却するしか方法がないのです。

とは言え、底地は借地人さんに賃貸中のため、仮に底地を購入しても、すぐに土地を利用できないうえ、賃料となる地代収入はとても低額です。そういう事情からも、一般のお客さんが底地を購入することはほとんどありません。

では、地主さんはどのように底地を売却したら良いのでしょうか？

以下に、主な底地の売却方法とその特徴、メリット・デメリットを挙げてみました。

1 業者売却（底地買取り業者への売却）

底地の買取り業者に、現状有姿（オーナーチェンジ）で底地を売り渡します。当然、借地人さんはそのまま買取り業者が引き受けます。この手法では、短期間で確実な底地の現金化が可能です。

相続対策などで税理士さんと計画を立て、スケジュールに従い計画的に底地売買と相続対策を進めることが可能です。測量や登記手続きなどは業者に任せることができるので地主さんに面倒がかかりません。底地の売れ残りがないこともメリットです。

ただし、借地人さんに直接底地を売却するよりも売買代金が安くなります。また、売却後に業者と借地人さんとの間でのトラブルに、地主さんも巻き込まれることがあるので、業者の選択は慎重に進める必要があります。売却先の業者がいわゆる「地上げ屋」ということもあるので注意が必要です。

2 業務委託（借地人さんに底地を売却する）

借地人さんに対して底地売却や等価交換などの各種交渉を底地借地専門の不動産会社に依頼する方法です。

請負った不動産会社には通常、成功報酬を支払います。この場合、①の「業者売却」よりも売却代金が多くなる傾向にありますが、思う通りに借地人さんに底地を購入してもらえない場合もあり、売買の成立は不確かとなってしまい、計画的な相続対策や有効活用などには不向きです。

また、地主さんが交渉の矢面に立つ必要もなく、測量費用などの手続きは依頼する業者にお任せが可能です。測量費用や地中埋設管の処理などの予期せぬ費用負担が生じることもあります。

このように、底地の2つの売却手法がありますが、それぞれ一長一短があることがわかります。以下のような目安も参考に、地主さんの事情等に応じて売却方法を選択して頂ければと思います。

豆知識

①業者売却

計画的に相続対策プロジェクトを行う場合や急いで底地を売却したい場合

②業務委託

数年かけてでも、じっくりと借地人さんの都合を聞きながら底地売却を進めたい場合

	特徴	メリット	デメリット
① **業者に売却**	**底地を一括で売り渡す。借地人さんもそのまま。**	**短期間での確実な換金**が可能。 測量や登記手続きなどは買主に任せることができるので、面倒がない。 **売れ残りがない。**	借地人さんに直接売却するより**手残りが多少少なくなる。** 売却先の業者が地上げ屋だった場合、借地人さんとの間での**トラブルに巻き込まれる**こともある。
② **業務委託**	**借地人さんに対しての底地売却や等価交換などの交渉を委託する。業者に支払う手数料は成功報酬になる。**	すべて売却できれば、業者に一括売却するよりも**手残りが多い**ことがある。 交渉の矢面に立つ必要がなく面倒がない。	すべての借地が売却できる保証はない（**売れ残り**）。 売れ残った借地人さんと**気まずくなる**ことも。 測量費用や地中埋設管などの**予期せぬ出費**が発生することがある。
③ **自己売却**	**地主さんがご自身で借地人さんと交渉し、売却する。**	**手残りが一番多い。** 地主さんの**都合に合わせて売却**できる（買戻しなど）。	**いつ売れるかわからない。** **売れ残ることがある。** **取引に情が入って妥協することも。** **交渉が難航すると日々の生活の中でもストレスを感じてしまう。**

業者売却の流れや注意点

では、具体的にどのように底地の売却を進めていくのか、底地買取り業者への売却を例に、売却までの流れや注意点をご説明いたします。

㋑買取り業者の選択

まず考えないといけないのは、売却後の借地人さんのことです。

底地・借地の第三者への売却は、長く借りて頂いた借地人さんに大きな不安を与えてしまうことになります。なかには売却後、借地人さんと買取り業者との間でトラブルになり、地主さんのもとへ駆け込んでくる借地人さんだっているかもしれません。よって、借地人さんだけでなく、地主さんご本人も売却後に、借地人さんや買取り業者との間のトラブルに巻き込まれないよう、慎重に買取り業者を選択することが重要となります。「タイミングよく広告が入った」「親切で丁寧な営業マンだったから」、このような理由だけで選択するのはお勧めできません。では、どうすれば優良な買取り業者は見つかるのでしょうか。

手軽で良い方法としては、信頼できる人からの紹介です。

例えば、税理士さんなら普段から多くの地主さんとのお付き合いがあり、良い買取り業者に関する情報をお持ちかもしれません。信頼できる税理士さんや普段のお付き合いが深いご友人などからの紹介であれば、まずは第一のフィルターを通過した買取り業者と判断しても良いかと思います。その他には金融機関などに相談するのも良いでしょう。

㋺買取り業者との面談・相談

買取り業者との面談は、地主さんのご自宅で行うことが多いかと思いますが、初回に限っては税理士さんなどの紹介者に同席して頂くと安心です。

面談では、買取り業者に売却する理由や借地の経緯などを伝えてください。買取り業者からは、買取り価格の査定のため、地代や契約期間などの賃貸内容を確認されることになります。この情報が買取り価格や売却方法などに影響を与えるので、可能な範囲で情報を開示した方が良いでしょう。

買取り業者には購入した後の計画などを聞いておいても良いかと思います。例えば、マンションの建築計画があるとなれば、借地人さんは不本意な立退きを迫られることがあるので、トラブルに発展することも考えられます。仮にマンションの建築計画がないとしても、どの買取り業者も、転売等を目的として購入していることに違いはありませんので、やはり、業者の選択は重要事項となります。少なくとも、面談に来た買取り業者の口調や所作、質問への明確な回答と説明の丁寧さなどは、その会社の一面を表していることと同じなので、注意深く観察すると良いかと思います。

㋩買取り価格と契約条件の提示

底地の買取り価格にも相場のようなものがあり、何社も見積りを依頼したところでも、そこまで大きな価格差は生じないはずです。価格差があるということは、何か売買条件等に違いがあるということです。見積書や売買条件はしっかりと比較検討をしてください。

大きな価格差がない場合、どのように買取り業者を選択するのかは、契約条件によります。

①契約時の手付金はいくらで、
②いつ残代金を受け取れるのか
③確定測量は行うのか、
④その費用はどちらの負担なのか

⑤特約条項はどうなのか

など。

最終的には契約書に盛り込まれる条件で判断することになります。特約条項については、「～が成立することを売買条件とします」というような、条件付きとするケースもあります。測量などの境界確定であれば止むを得ませんが、その他の条件を付けられるようであれば、それは地主さんにとっては大きなリスクを取ることになりますので、慎重に判断してください。

例えば、契約後、買取り業者の判断で、条件が成立しなかったとして契約を解除され、地主さんは売買代金を受け取れないどころか、各借地人さんに売買中止と謝罪して回ることになるなど、大変な迷惑を被ってしまうこともあります。繰り返しになりますが、契約条件については、慎重に検討してください。

もし、このような際に不安を感じた時は、弊社のような専門家の意見を参考にすることをお勧めします。

㈡売買契約の締結と手付金の受領、測量の着手

買取り業者が提示した底地の価格と契約条件に納得したら、次はいよいよ売買契約の締結です。底地の売買契約は、通常の不動産売買と同じように売買契約書を取り交わします。契約時には手付金の授受があり、地主さんは売買代金の5％程度の手付金を受け取ります。

また、契約と同時に、借地人さんに対して、底地を売却した旨の通知を郵送することになり、この日から、長い付き合いだった借地人さんは地主さんの手を離れ、これまでの関係が大きく変わることになります。契約締結時から、すべては買主の買取り業者にお任せとなります。

確定測量や分筆測量を行う場合、買主の買取り業者が借地人さんへの挨拶とともに、敷地内への立ち入りの承諾を得た後、測量に着手します。この時、買主さんと借地人

さんとの間でトラブルになってしまうと敷地に立ち入る承諾を得られず、測量ができないまま契約解除ということもありますので、買取り業者の対応力が重要となります。

㋭売買残代金の受け取り、所有権移転

測量や売買条件がすべて整い次第、残代金の受領と所有権移転登記となります。この日以降、地主は買取り業者に代わり、売買契約の一連の手続きはここまでとなります。

所有権移転登記には、登記済権利証（登記識別情報通知）が必要ですが、紛失される地主さんも多くおられます。これらは再発行ができませんので、何とかお探し頂くようお願い致します。万が一、見当たらない場合は、司法書士に「本人確認情報」を作成してもらうことで、登記申請手続きを行うことができます。この時の費用は5〜10万円程度が相場です。

㋬確定申告

底地を売却したほとんどの地主さんは、売買残代金を受領した翌年の2月に確定申告と所得税等の納税が必要です。ザックリと売買代金20％程度が税金となるので、お忘れなくご申告をお願い致します。

以上が、ザックリとですが、底地売却の流れです。

最も重要なのは、良い買取り業者と巡り合えるかどうかという点です。底地の買取り価格に大きな違いはないともいわれていますので、信頼のおける税理士さんや知人等に相談し、底地買取り業者を紹介して頂くと良いでしょう。もし、買取り業者の紹介を受けることが難しい場合や、ご紹介先にご不安があるようでしたら、お気軽に弊社にご相談ください。

業務委託の流れや注意点

業務委託による、借地人さんへの底地売却等についても同様で、信頼のおける税理士さんや知人などからの紹介を受けることが一番かと思います。

しかし、業務委託の場合、底地売却だけではなく、等価交換や同時売却など様々な提案と対応が可能な、ノウハウと経験豊富な底地借地専門の不動産業者であることが重要です。

借地人さんに寄り添った交渉が必要になりますので、不動産屋さんにありがちな、横柄だったり、不愛想な態度の担当者では、交渉がうまくまとまらないばかりか、借地人さんに不信感を与えてしまい、トラブルの原因ともなりますので注意が必要です。

業務委託の場合、地主さんに代わって業者が借地人さんに各種の交渉を行います。

交渉がまとまったところから、随時、委託業者主導で、売買契約等を取り交わしていくことになります。売買等の流れは、業者売却の「㈡売買契約の締結と手付金の受領、測量の着手」（137ページ）以降と同じです。

リスクとしては、短期間での売買成立の保障がなく、また、売れ残る底地もありますので、短期間での相続対策のプロジェクトを進めていく場合ですと不向きになってしまいます。じっくり、数年の時間をかけて相続対策をしようという地主さんにおいては、業務委託は良い選択になるのではないかと思います。

底地を次世代に相続させるために必要な準備

底地の相続は、地主さんにとって大きな悩みです。「子どもたちへの引継ぎにはどんな準備をすれば良いのかわからない」というご相談も多くあります。では、具体的に何から取り掛かれば良いのでしょうか。まずは、契約内容の把握です。

土地の貸し借りは、当代の地主さんが亡くなったからといって、そこで途切れるものではありません。配偶者やお子さんが相続し、先代に成り代わって、これまで通り土地賃貸借契約を継続させていくわけです。

その時、土地賃貸借契約書が手元になければ、新しい地主さんは困惑してしまうでしょう。そのため、当代の地主さんは土地賃貸借契約書をキチンと整備し残しておくことはもちろん、契約内容と実態が合っているか、土地賃貸借契約書以外の取決めや、過去の更新料の金額と算出方法、トラブルや賃貸経緯などを書面で残しておくことをお勧めします。そうすれば、次世代の地主さんが困ることもないでしょう。

この作業を進めていくと、様々な問題点が判明することもあるかと思います。例えば、契約期間が満了しているのに更新手続きを忘れていたり、ご両親名義の土地賃貸借契約なのに、借地人さんのお子さん名義で建物を建てていたり、地代が相場よりも極端に安かったりすることが判明する場合があります。このような問題は、当代の地主さんの間に解決しておくと良いでしょう。

また、過去の更新料の金額や算出方法も、次回の更新時には大変参考になる資料となりますし、過去の借地人さんとのトラブルなどもできるだけ書面で残して頂けると、将来の紛争時の証拠書類としても利用できますので、可能な限り、記録を残しておいてください。


そして、次は相続税対策です。

底地の評価額は収益が上がらない割に、高額となるケースが多く、税理士さんが相続税の試算をした結果、納税のために現金の準備が必要と判断されることが多く、その結果、弊社に底地売却の相談が多く寄せられることになります。

昔からの地主さんは、底地（貸宅地）を含む不動産を沢山保有する割に、預貯金（納税資金）が少ない傾向にあると税理士さんからよく聞きます。相続税は、土地建物を多く保有するほど、税金が大きくなりますので、都内の地主さんの相続税の負担は大変なものとなります。

また、２０１５年（平成27年）の相続税法の改正により、地主さんの相続税の負担は、より大きなものになったこともあり、相続税の負担を少しでも抑える方法はないかと、地主さんは積極的に税理士や金融機関などに相談する傾向が強まり、税理士さんや金融機関の主導で、様々な相続税対策が行われるようになりました。

とは言え、当代の地主さんが、底地を含む不動産を、「ワシが元気なうちは、絶対に売らん！」と、頑として、相続税対策を受け入れてくださらないことも多々あります。

実際に、都内の地主さんにおいて、生前に満足な相続税対策を行うことができず、底地のみならず、先祖代々の立派なご自宅をも手放すことになってしまった、という話はいくつもあります。頑なな地主さんの理解を得るのは大変かと思いますが、相続税対策は早くに始められる方が、効果的で有利な対策を選択することができます。地主さんの理解を得るには、相続を受ける家族の力だけでは難しい場合もあると思います。

相続税対策は、地主さんの家族が主となり、税理士さんや金融機関などの力を借りて、相続税対策を進めることをお勧めしています。繰り返しになりますが、一日でも早く始めた方が、効果的です。相談先がわからないなどの場合は、相続税専門の税理士さんをご紹介差し上げますので、お気軽にお問い合わせください。

3章

“借地人さん側から見た”トラブルの解決方法と借地の有効活用

2章では地主さんの視点に立ち、トラブルの解決法と底地の有効活用について述べましたが、本章では反対の立場である借地人さんの側から、起こりうる問題を考えます。

まず、現代の借地の関係において、地主さんと借地人さんの関係は、昔ほど親密とは言えず、相続等による代替わりなどで疎遠な関係になりつつあります。平時はお互いに干渉がない方が気楽で良いかと思いますが、借地人さんは建替えや借地権譲渡などのイベント時には、否が応でも、地主さんと対面して、何とか承諾をくださいとお願いをすることになります。地主さんも普段から気心のしれた借地人さんの頼みであれば、そんなに無下な対応はされない傾向にあるように思います。

しかし、関係が疎遠だったり、トラブルを抱えていたりすると、それらの承諾もすんなりといかないことが多々あります。

借地の関係は、借地人さんの方が強いと考えられがちですが、必ずしもそうとは限りません。もちろん、地主さんの方が強いというわけでもありません。借地の関係は、ある時は借地人さんが有利な立場であり、ある時は地主さんが有利な立場になるなど、場面場面によって変わることがあるのです。

つまり、常に自分が強い立場にいるという錯覚に陥らず、次は自分が逆の立場になることも想定し、対応していかないといけません。借地の関係はお互い様で、対等の関係であるということを正しく理解しておくことが大切です。

それを踏まえて、将来、起こりうる様々なイベントの場面で、借地人さんに知っておいて頂きたいことや、トラブル対処方法などをご紹介したいと思います。

後悔先に立たず！　更新料支払い拒否の効果

借地において、更新料のトラブルは、地主さん側の視点では、土地賃貸借契約書に、『更新時には更新料の支払いをもって更新する』という定めだけでは不十分で、更新料を算出する計算式や金額までが、具体的に記載がされていない場合、更新料の支払いを否定される可能性が高いと解説しました（32、79、103ページ参照）。

旧法借地権の場合、このような具体的な記載のない土地賃貸借契約書がほとんどですが、慣例的に借地人さんは地主さんに更新料を支払ってこられたようです。

このような具体的な定めがないことを理由に、更新料の支払い義務がないと主張し、更新料の支払いを拒否する借地人さんもおられます。しかし、それが得策だと安易にとらえて良いのでしょうか。私は、不当に高額な場合を除き、長い目で見ると、更新料は支払うべきだと考えています。

なぜかというと、将来のご自宅の建替えや増築、借地の売却時に、地主さんの承諾が得られず困ったことになる可能性がとても高くなるからです。「増改築や売却の予定はないから大丈夫」という借地人さんも、いつそのような状況に陥るかわかりませんので、安易に更新料の支払いを拒否すべきではありません。

例えば火事で自宅が焼失しても、地主さんの承諾がなければ、建替えもできないことになります。火事でとても大変な状況で、地主さんの建替え承諾を得られなかったことを考えると、借地人さんの家族が受けるショックは相当なものです。

借地の売却時もそうです。空き家となった借地の実家を相続した後、固定資産税や毎月の地代の負担もあるので、相続人の息子さんは早いうちに売却してしまおうと考え、地主さんに借地権の売却を相談します。ところが、過去の更新料等のトラブルが原因で譲渡承諾を得られず、借地を売却できずに困ったという話も多々あります。

このように、将来の地主さんの承諾をスムーズに得るには、普段から地主さんとのトラブルを避けるべきです。特に更新料の支払い拒否の場合、地主さんとの関係悪化は必至です。更新料の金額について交渉することは良いと思いますが、支払い拒否という対応だけは避けた方が良いです。

まさに、『後悔先に立たず』という言葉がピッタリで、適正な金額の更新料（借地権価格の5%~10%）であれば、万が一の際の保険と考えて、お支払いされることをお勧めします。

補足しますが、地主さんの建替えや譲渡の承諾が得られない場合でも、裁判所が事情を聞き、地主さんの代わりに建替えや譲渡の許可を出す救済措置はあります。ただし、この許可にも裁判所は相当の承諾料の支払いを許可条件に加えることがほとんどですから、タダではありません（この承諾料は過去の更新料の支払い状況等が勘案されます）。

もし、火事や災害に見舞われ建替えようとした時に、裁判上の手続きが必要となれば借地人さんの負担はより大きくなるはずです。

さらに、借地権譲渡（売却）に際し、地主さんの承諾が得られず、裁判所の許可を得て販売する場合、地主さんとの間にトラブルがある、いわゆる「訳あり物件」として扱われます。さらに、裁判所の許可物件は、銀行の融資が受けられないことが多く、借地の購入希望者は住宅ローンを利用できず、現金購入可能なお客様に限定されてしまうなど、借地の売却が非常に困難となってしまい、思うような金額で売却ができないどころか、売却そのものができなくなってしまうこともあるので、裁判所の許可を期待せず、できる限り、地主さんから承諾を得るようにすべきだといえます。

また、借地人さんによっては、難しい契約更新手続きを専門家に相談することがあるかと思います。その際、専門家によっては、土地賃貸借契約書の不備を突き、「借地人に更新料の支払い義務はない！」と強く主張し、地主さんとの関係を悪化させてしまうことがあります。このような専門家は、将来の建替えや譲渡の時に、借地人さんが困るかもしれないことは考慮していないようです。建替えや譲渡が必要となったら、裁判所の許可を得れば良いという考えで、その時はまた相談してくださいという具合なのでしょう。裁判所の許可物件の不利益は、専門家が被るわけではないので、そのような無責任な専門家に相談した借地人さんは可哀そうになります。

多くの専門家は、目の前の問題解決には尽力してくださいますが、それが借地人さんの将来の利益まで考慮してのものかどうかが重要ですので、借地人さんには、自衛のためにも、最低限の知識を身に着けておいて頂きたいと思います。

地主さんから契約更新を拒絶されたら

地主さんに更新料を求められるということは、契約更新が可能ということになりますが、反対に、契約更新を断られる場合もあります。借地の場合、更新料を支払えば、必ず契約更新が可能ということではありません。

時には、地主さんから契約更新を断られ（更新拒絶）、土地の明渡しを求められることがあります。この場合、どのように対処すれば良いのでしょうか？

地主さんに更新拒絶されたからといって、大人しく明渡しに応じる必要はありません。借地人さんが借地を継続したいという希望があるならば、地主さんに「借地を継続したいので応じられません」と、丁寧にお断りしても構いません。

しかし、それでも、地主さんが強硬に明渡しを求めてくる場合があります。時には、地主さんから更新を認めず、契約書も作らないということを言われるかもしれません。

こう言われると、借地人さんはとても不安になるかと思いますがご安心ください。地主さんが更新を認めないと言っても、法定更新といって、建物がある限り、土地賃貸借契約は自動的に更新したものとされるので、地主さんに更新契約書を作成してもらえなくても、継続して借地を続けることが可能です。

法定更新が可能といっても、注意点があります。更新を認めない地主さんの中には、地代を受け取らないという対応に出ることがあります。地主さんが地代を受け取らないからといって、地代の支払い義務が免除されるわけではありません。地代の支払いを怠ると、地代の滞納として取り扱われ、最悪の場合、契約解除を言い渡される場合があります。従って、このような場合、地主さんの代わりに、法務局に地代を納める供託手続きを行うことを忘れないでください。

借地にある建物を増改築するには？

多くの場合、借地上の建物の増改築には、地主さんの承諾が必要となります。その承諾には承諾料の支払いが伴うのが一般的です。承諾料の相場や増改築時の手順を知らなかったがため、地主さんとの間でトラブルが起きたり、増改築が困難になったりという例は珍しくありません。借地人さんも、最低限の知識を身につけ、無用なトラブルを回避して頂きたいと思います。

借地上の建物の増改築は、地主さんの承諾が必要!!

「土地は借りものでも住宅は自分たちのもの。増改築は自由に行えるはず！」

確かに、原則は建物所有者の借地人さんの自由に増改築が可能です。しかし、借地上に建てられた建物は、土地賃貸借契約書で定められた、増改築禁止特約の制限を受け、地主さんの承諾なく、増改築をしてはいけないとされることが多いのです。

増改築を検討する場合、まずは土地賃貸借契約書を確認してみてください。地主さんの承諾なく増改築ができない旨が書かれている場合は、勝手に増改築はできません。もっとも、土地賃貸借契約書に増改築禁止特約がなかった場合でも、地主さんとの良好な関係維持と工事資金の借入れに地主さんの承諾が必要とする事情を考慮し、地主さんの承諾を得る場合も多いのではと思います。

借地権譲渡の場合もそうですが、増改築の場合も順序を間違えないように注意をしましょう。例えば、古くなった自宅を建替えようと、家族で住宅展示場に足を運び、ハウスメーカーも決め、間取りなども概ね決まりそうなところで、地主さんに建替え承諾を願い出たところ、承諾できないと断られ、家族はガッカリということもあり得ます。

増改築を決めた場合に取る行動の第一番目は、菓子折りを持って、地主さんに増改築をしたいと考えている旨を申し出て、その際は承諾を頂きたいと挨拶に行くことです。もし可能であれば、この時に承諾料などの承諾条件（借入れを行う際は、金融機関指定の承諾書への署名捺印の協力要請も）を確認しておくと良いでしょう。なお、建替え承諾料の目安は、更地価格の３％程度となります。一般的には、多少目安をオーバーしてでも、地主さんの承諾を得ることを優先した方が良いかと思います。

初回の挨拶だけは、借地人さんご本人が出向いた方が良いかと思いますが、その後の地主さんとの交渉は、ハウスメーカーでも対応してくれると思いますが、できれば、地主さんとの交渉にも慣れた、底地借地に精通した不動産会社に相談することをお勧めします。

借地の実家はどうやって処分するのか？

亡くなった親から借地の実家を相続したけれど、遠くに住んでいたり、既に自宅があったりなどの理由で、借地の実家を使うことなく空き家にしている場合、どのように処分すれば良いでしょうか。

最近、よく耳にするようになったお悩みで、今後も増えていくことが考えられます。

借地の実家を相続したお子さんは、実家を利用しなくても、地代や固定資産税等を支払う義務があり、持ち続ける間は負担となります。貸家にするなど、何らかの形で活用を検討する場合でも、リフォーム等の修繕費がかかり、実現が難しい場合があります。結果的に、実家を処分しようと決断される借地人さんも多くおられます。

処分には2つの方法があります。

1つは借地権を売却する。2つ目は地主さんに土地を還すという方法です。

一般的には前者が多いです。なぜならば、借地権は立派な財産ですので、売却してお金に換えることが可能だからです。借地権は更地の60%~70%の権利となりますので、たとえば東京23区の住宅であれば、借地権価格で1千万円、2千万円という価格になることも十分にあります。後者は、その財産を放棄して、地主さんに土地を明け渡すことですので、前者を選択する方が多いのです。

借地権の譲渡に必要な承諾料

借地権を売却する場合、借地人さんは必ず地主さんから承諾を得る必要があります。

この譲渡承諾の対価となる承諾料は、借地権価格の10％が相場といわれます。具体的にいえば、仮に更地価格が坪当たり１００万円、借地権割合60％の場所で、30坪の土地を借地しているとします。この場合、３０００万円がこの土地の更地価格となり、借地権価格は１８００万円、つまり、借地権譲渡承諾料は１８０万円となります。

それでは、実際に借地権売買を行う場合の流れや手続きについて見ていきましょう。

1 売却を依頼する不動産会社の選択

借地権付き建物の売却となりますので、不動産会社への相談が必要なケースでしょう。個人間売買は危ないので絶対に行わないでください。やはり、借地に詳しい不動産会社を選択することが重要です。

2 販売価格や各種諸費用の見通しを立てる

借地の販売価格や地主さんにお支払いする借地権譲渡承諾料や測量費用等の諸費用の目安を把握しておいてください。この時、銀行の融資承諾書への署名捺印や、建物が古い場合は、建替え承諾料についても見通しを立てておくと良いでしょう。

※販売価格が決まっても、この段階では、まだ、販売を開始しないようにご注意ください。

3 地主さんから、借地を第三者に売却するための承諾を得る（借地権譲渡承諾）

できれば、地主さん宅に出向く方が良いかと思いますが、この時、不動産会社の同行は地主さんに無用の心配をかけることになるので、借地人さんだけで地主さんにお会いすると良いかと思います。

まずは、地主さんに「第三者に借地を売却したいと考えていますが、その前に地主さんでは借地権買取りのご意向はないでしょうか」と確認をしてみると良いでしょう。ご意向がないようであれば、第三者への借地権売却の承諾を頂きたい旨と、諸条件をお知らせ頂きたい旨をお伝えください。また、今後の手続き等のことで、相談している不動産会社から、地主さんに直接連絡させても良いかも確認しておいてください。

4 地主さんとの譲渡承諾料等の諸条件を調整し借地権譲渡承諾書を作成する

不動産会社と地主さんとの間で、借地権譲渡に関する承諾料や諸条件を取り決めます。この時、地代の増額等の条件提示があると思いますが、ある程度は応じざるを得ないと思います。

しかし、特に地代の値上げに関しては、相場を大幅に超えるような金額であれば、借地権売買の成立が難しくなりますので、できる限り穏便に交渉をしてください。ここでトラブルになると、借地権売買は困難になってしまいます。諸条件が確定しましたら、地主さんと借地人さんで承諾書を作成し、双方で署名捺印をして保管しておいてください。ここまでできたら、一安心です。

5 借地権の販売開始

不動産会社により、借地権付き建物として販売開始を開始します。販売に関しては不動産会社にお任せで良いでしょう。住み替え先が必要であれば、同時にお探しになると良いでしょう。

6 売買契約

買主が決まれば、売買契約となりますが、万が一、借地権譲渡の条件に、購入希望者は地主さんの面談や承諾が必要という条件があれば、契約前に地主さんに面談や承諾を得るようにしてください。

また、購入希望者には、新たな土地賃貸借契約書の契約条件の説明や建替え承諾料が必要になることも事前に説明・承諾を得ておくことが重要です。購入希望者は借地権について知識を持ち合わせていないことが多いので、その点も丁寧に説明が必要となります。これらの説明等で問題が無ければ、借地権売買契約を締結することになります。

7 引渡しから新たな土地賃貸借契約書の取り交わし

売買契約後、借地人さんは住宅ローンの申し込み手続きを行います。金融機関での審査も問題なく進みましたら、いよいよ残金決済となります。この残代金の授受と同時に、地主さんに対して借地権譲渡承諾料や建替え承諾料などの支払いを行います。

この決済時には、地主さんも決済場所に同席してもらう方が良いでしょう。そうすれば、購入者との新たな土地賃貸借契約書の取り交わしもできますので手続きがスムーズです。こうして、借地権売買の手続きは終了となります。

借地人さんは底地を購入するべき?

結論からいうと、チャンスがあれば、土地（底地）の購入は積極的に検討するべきだと思います。理由は後述しますが、借地人さんは底地を購入して受けるメリットが大きいからです。事実、借地人さんご本人ではなく、お子さんや親族の名義で購入する借地人さんも多々おられます。個別の事情もあるでしょうが、底地を購入して、借地を所有権化するデメリットが思い浮かびません。無理な借金をしてまで、底地を購入することはありませんが、無理のない範囲であれば、底地は、是非、購入することをお勧めします。

さて、地主さんの多くは、「先祖代々の土地は手放すことはできない」「貸した土地なので、いずれは還してほしい」と考えているようで、借地人さんの方から、底地を売却してほしいと相談をしても、断られることが多いかと思います。

しかし、地主さんのなかには、固定資産税や相続税の負担が大変といった事情から、売却の相談に応じてくださる方もいらっしゃいます。

また、レアケースですが、地主さん側から、「底地を買い取りませんか？」と打診されることもあります。これは、何十年に1度といえる程のチャンスともいえますので、地主さんと前向きに話をすることをお勧めします。

なぜなら、前述の通り、借地人さんが底地を購入したくとも、地主さんに「売ろう」という気持ちがないと、底地の購入は実現しません。仮に売却に応じてくださった場合でも、相場より高めに購入することになりがちです。ところが、地主さん側からのお声掛けであれば立場は逆転しますので、相場通りの価格か、もしくは少し安く購入できる可能性があります。そういう意味でも、底地を手にすることのできるチャンスといえるのです。


参考までにですが、仮に、借地人さんに購入意思がなかったり、事情があって現在は買えなかったりする時でも、地主さんに対して、「こんな土地を買ってもどうしようもない」とか、「タダみたいに安ければ買ってやってもいい」などと対応してはいけません。できれば、「買いたい気持ちはありますが、いまはこういう事情があり購入できません。せっかくのお申し出なのに、申し訳ございません」と丁寧に対応すると良いでしょう。

地主さんが借地人さんに底地売却のアナウンスをされるということは、余程の事情があってのことです。

この時の対応次第で、地主さんとの関係が悪くなることが多々あります。後の借地人さん自身の譲渡承諾や建替え承諾等で、地主さんの協力を得る際に悪い影響を与えることもあるので、注意が必要です。

更地の半額以下で？　借地人さんが底地を購入するメリット

具体的な底地を購入するメリットを見ていきましょう。まず、借地人さんは、すでにその土地の60~70%の借地権を有していますので、地主さんとの底地売買では、残りの30~40%程度の価格で購入することができます。

例えば、更地価格が坪当たり100万円、借地権割合60%の場所で、30坪の土地を借地しているとします。この場合、3000万円がこの土地の更地価格となり、借地人さん以外の一般の方は、その価格でこの土地を購入することになります。しかし、借地の場合、この土地の借地人さんに限り、1000万円程で3000万円の土地が買えるわけです。驚きの半額以下です。一般のお客様が3000万円で購入する土地を、借地人さんに限り1000万円程度で購入できるのです。なんとも信じられない話に聞こえますが、これは借地人さんだけが受ける最大のメリットだと思います。これまで、借地を維持してこられた恩恵とも言えるでしょう。

底地の売買価格は、基本的に借地権割合に応じて決めることが多いのですが、地主さんとの話し合いで決まりますので、多少の前後はあります。なかには、借地権割合に関係なく、底地の売買価格は50%とする地主さんもおられますが、仮に50%でも底地を購入できるのであれば、大成功です。更地価格の半額で購入しても、売却時には50％近くの利益を得ることもできるのですから。

では、借地人さんが底地を買うことで、その他に一体どんなメリットが生まれるのでしょうか？

1 地代を支払い続ける必要がなくなる

借地人さんが底地を購入すると、当然、地代を支払い続ける必要がなくなります。地代の金額は毎月数万円程度の負担かと思いますが、10年、20年と借地を続け、地代の支払いを続けていると、支払い済み地代は数百万円にも積み重なっていくことになります。底地を購入すると、こうした地代の支払いがなくなります。ただし、土地の所有者として、固定資産税等の支払いが始まります。

2 契約更新時の更新料の支払いがなくなる

当然ながら、底地を購入すると、借地契約の更新や更新料の支払いもなくなります。借地契約は、基本的に20年以上の長期契約であり、その間は経済状況により更新料の相場なども大きく変わる可能性があります。更新料は100万円程度であったり、数百万円の場合もあります。いずれにしても、借地人さんは大きな費用負担となることに違いはありません。また、契約更新のタイミングでトラブルが起こることも珍しくなく、こうしたトラブルなどの心理的負担からも解放されます。

3 許可や承諾料の支払いなしで増改築ができる

借地でなくなれば、地主さんの許可を得る必要なく、承諾料の支払いもなく、自由に建物の増改築ができます。

借地の場合でも、底地にある建物が借地人さんの所有物であることには違いありませんが、増改築には地主さんの許可を得る必要があり、許可をもらった対価として承諾料を支払います。ところが、底地を買えば、こうした煩わしさや経済的負担を避けられます。

4 自由な使用、売却が可能になる

底地を購入すると、建物をより自由に使用することができ、売却も自由自在になります。例えば、これまで住宅として使用してきた建物を取り壊して賃貸物件にしたり、更地にして駐車場を経営したりすることも可能です。売却する際は、地主さんへの譲渡承諾の交渉や譲渡承諾料の支払いの必要がありません。

5 売却の際の買い手が見つかりやすくなる（高く売れる！）

借地の場合でも、自宅を借地権付き住宅として売却できます。ただし、借地権のまま売り出す場合は、地主さんに承諾を得ないといけません。また、借地権には数多くの制約があるため、通常の不動産と比べて売れづらく、割安になる傾向にあります。

ところが、借地人さんが底地を買い取れば、その土地の借地権は解消され、〝通常の所有権の土地〟としての売却が可能になります。借地権のように足元を見られることなく、好条件での売却も可能となるのです。また、地主さんから買い取った底地の金額よりも大幅に高い金額で売れる可能性があり、大きな売却益を手にすることが可能です。なお、底地の購入後5年以内に売却すると、短期譲渡となり、所得税等で40％程度の納税となりますので、計画的に売却することをお勧めします。

6 良い形で相続財産を遺せる

借地人さんが亡くなった場合、借地権はその他の相続財産と同じように相続されます。相続後も従来通りの借地の関係が続いていくことになり、更新や各種承諾手続きの煩わしさや費用負担までも相続することになります。こういった事情から、お子さんから「借地は要らない」といわれたという借地人さんも多くいるようです。借地権のまま相続すると、配偶者や子どもに負担をかけてしまうかもしれません。

生前に底地を購入し、借地権のない土地としておけば、相続人に負担をかける心配もなくなり、安心することができます。

7 建替え時に住宅ローンを利用しやすくなる

借地人さんが底地を買えば、建替え時に住宅ローンを利用しやすくなります。なぜなら、建物だけでなく、土地も住宅ローンの担保にできるからです。建物と土地の両方を担保にできることで担保価値が高くなり、金融機関も安心して住宅ローンの貸し出しができます。建替えを検討している借地人さんであれば、建替えを機に、地主さんに底地を購入したい意向を伝えてみるのも良いかもしれません。

底地の購入時に注意すること

底地の購入は借地人さんに様々なメリットをもたらしますが、購入時には、注意点もいくつかあります。

1 隣地との境界はハッキリしているか

借地の間は気にしなかった、隣家との境界線。土地を購入する際には、どこからどこが売買対象か、明確にする必要があります。そこで、土地家屋調査士さんによる確定測量を実施しましょう。測量費用は地主さん負担になる場合や折半とする場合、借地人さん負担と様々なパターンがありますが、売買価格や諸条件と共に、地主さんと話し合いで決めます。

2 接道義務を果たしているか

底地を買っても、その土地が接道義務を果たしていなければ、新しく建物を建て直すことができませんので、注意しましょう。接道の有無によって、土地の評価が大きく変わってしまいます。接道の調査は、区役所などで調査をすることになりますが、不動産会社に任せましょう。

3 価格は適正か

近隣の取引事例や地価公示などを参考に、地主さんから提案された価格が適正かどうかもチェックしましょう。事例などは不動産会社に相談すると良いでしょう。

ここで注意点ですが、相場より多少割高であったとしても、地主さんに対して、強引に値下げを強要することはやめてください。せっかくのチャンスが水の泡になってしまいます。底地を購入する機会は希少で、借地人さんは、価格以上に底地を購入するメリットが沢山あるのですから、多少は目をつぶっても損はないと思います。

話をまとめましょう。

仮に土地価格が坪当たり１００万円で借地権割合60％の場所で30坪の借地をしているとします。地代を仮に毎月2・4万円（坪８００円、値上げは考慮せず）、年間28・8万円の地代を30年間支払い続けると８６４万円になります。

途中1度は更新料（借地権価格の５％で90万円とします）を支払いますので、累計約９５０万円を支払う計算です。さらに建替えとなると、承諾料１００万円程度を加算することに。これほどの大金をこの先30年間で支払ったとしても、30年後はいまと変わらず借地のままです。

この場合、底地の価格は冒頭で述べた通り１０００万円程です。これまでの説明でもおわかり頂けた通り、価格以外にも底地購入のメリットは沢山あります。自分は高齢だから借地のままでも良いという考えも良いかと思いますが、借地を相続することになるお子さんや親族とも、将来の借地について相談してみるとよいかと思います。借地人さん本人ではなく、お子さんや親族が底地を購入するケースも多々あるのです。繰り返しになりますが、地主さんから底地を購入しないかという話があれば、是非、積極的に話を聞いてみましょう。

地主さんが土地を不動産会社に売却した！借地契約は無効になるの？

何の前触れもなく、ある日突然、地主さんが土地を不動産会社に売却してしまうことがあります。このような急な地主さんの変更に、借地人さんはとても驚き不安になり、「借地契約はどうなるの？」「立退きさせられるの？」という相談が寄せられます。

一体、借地人さんはどうなってしまうのでしょうか？

結論から申し上げますと、安心してください。基本的にこれまで通り借地を続けることができます。地代も契約期間も変わりません。立ち退く必要もありません。

ただし、地代の滞納や契約違反、建物未登記や借地権者と建物名義人が一致しないなどの場合は、契約解除などの可能性がありますので注意が必要です。

新しい地主さんから土地を明け渡すよう勧告があった場合

新しい地主さんから、「借地を明け渡すように」という立ち退き勧告があった場合はどうしたら良いのでしょうか？

この場合、契約違反等がなければ、借地人さんの土地利用の権利は強く保護されていますので、明け渡しに応じる必要はありません。もし、脅迫等を受けるようであれば、迷わず警察に通報しましょう！　不動産会社によっては、マンション建設などの地上げを目的にしていることも考えられます。

もし、長く借地を続ける予定がなかったり、老朽化で建て替えるかどうか悩んでいたりということであれば、話だけ聞いても良いかもしれません。このような地上げ計画では、通常の借地価格よりも高額に買い取ってくれたり、建物の解体費用も不要にしてくれたりという場合もあるようです。

ただし、地上げ目的の不動産会社相手の交渉は、不動産会社を介した方が安全です。プロを相手にする場合は、プロで対抗するようにしてください。

場合によっては、不当な契約を押し付けられてしまう危険性もありますので、絶対に地上げ目的の不動産会社と直接契約をしないようにしましょう！

借地上の建物を貸家として貸し出せる？

借地権付きの建物は通常の所有権の土地建物の購入に比べ、初期費用が抑えられるのがメリットです。本来なら財布の事情で買えない一等地の家であっても、借地権付きなら手に入る可能性があります。では、そんな優良物件を、貸家として貸し出すことは可能でしょうか。

まず、借地権は地主さんの許可を得ずに第三者に貸し出し（転貸）たり、売却（譲渡）したりすることができません。これは、民法で定められています。

しかし、この規則は借地権そのものの転貸や譲渡に関する規則です。つまり、借地上の建物を貸し出すことは、禁止されていないので、借地人さんは、自由に貸家とすることが可能なのです。

ただし、土地賃貸借契約において、「借地上の建物を第三者に賃貸する場合、地主の許可を要す」と定められている場合は、必ず地主さんの許可が必要になりますので、注意が必要です。なお、借地上の建物を、第三者へ貸し出す旨が、地主さんに正しく伝わっていない場合、借地人さんは第三者への借地権譲渡を疑われてしまう可能性があります。土地賃貸借契約書に地主さんの許可が必要と定めがなくとも、無用のトラブルを避けるため、地主さんには事前に報告をしておくと良いでしょう。

借地権は建物登記が重要！
未登記や名義の不一致は危険！

借地人さんの借地権は、借地上の建物を本人名義で登記をすることで、借地借家法により強い保護を受けることができます。まれに、古い建物の場合などで、未登記だったというケースがありますが、これはとても危険です。未登記の場合で、地主さんが第三者に土地を売却してしまった場合、借地権を失うことにもなりかねないのです。すぐに、土地家屋調査士さんと司法書士さんに相談し、登記を行いましょう。

また、借地では借地権者と借地上に建つ建物の名義が一致しないケースが多々あります。両者が一致しない状態は、「借地権に不備がある」と判断され、売買などで地主さんが第三者へ変更になった場合、借地人さんは自己の借地権を守る対抗力がないとされる場合があります。つまり、借地の明渡しを求められる恐れがあるという、とても危険な状態だといえます。

具体的にどのような危険があるのか？　借地権者と借地上の建物名義人が異なると、以下のような問題が発生する可能性があります。

1 地主さんから借地契約を解除される

借地権者と借地上の建物名義人が異なる場合、借地人さんは地主さんに借地契約を解除される可能性があります。これは、地主さんの承諾なく、借地権を譲渡した「無断譲渡」と判断されるためです。無断譲渡は、借地契約における「債務不履行」に該当し、故意であるかないかは関係ありません。

2 借地権の存在を認められない

地主さんが、何らかの理由で借地権付きの土地を売却する時、借地権者と借地上の建物名義人が異なると、借地権に不備があるとして、借地人さんは土地の買い主に対して、自分の借地権の主張ができないとされます。最悪の場合、借地人さんはその借地を使用することができなくなり、建物を解体し、立ち退かなければいけない事態に陥ることがあるのです。

ここからわかるのは、借地権者と借地上の建物名義人の相違における厄介な点は、故意であろうがなかろうが、借地人さんが何かしらの損失を負う可能性が高いということです。ご注意ください。

どうして名義が異なるのか？ そもそも借地人さんは、借地上に自宅を建築することを目的としているのに、その自宅の名義が本人とは異なる状態とは、どんな時に起こるのでしょうか？

3 建替えを機に、親子の共有名義にしてしまった

借地上の自宅が老朽化してくると、今後、自宅を建て替えようかなどと家族会議を行うことがあるかと思います。その際、2世帯住宅にしようとか、建物を父と子の共有にしようとか、いっそのこと、子どもの単独名義で建て替えようかなどと、相続税対策などのアイデアから、建物の名義を共有に変えてしまう借地人さんは多くおられます。

このようなケースでは、借地権者と借地上の建物の名義人が異なることになります。よって、たとえ親である借地人さんが子どもと同居する場合であっても、「子どもに勝手に借地を譲っている（無断譲渡）」と契約違反であると判断されてしまいます。親子であっても、同居するからといっても、金融機関の融資が難しいからといっても、地主さんの承諾なく建物名義人を変更することは絶対に避けた方が良いです。どうしても、お子さんとの共有が必要となるのであれば、地主さんから譲渡承諾を得ること

にしてください。

ちなみにですが、借地権と建物を共有に変更するということは、親から子へと借地権の一部が贈与されたとみなされますので、贈与税が課税されることになります。したがって、親子での借地権の共有化は、贈与税についても考慮しつつ、慎重に検討しないといけないので、安易に変更はしてはいけません。

4 亡くなった先代の名義のままにしている

借地人さんが死亡し、子どもが借地権付き建物を相続した時には、必ず名義を変える必要があります。これを怠ると借地権者と借地上の建物の名義が異なり、借地権に不備があるとみなされ、地主さんが土地を第三者へ売却した時、自身の借地権を守る対抗力がないとされてしまいます。

借地人さんの相続で、相続を受けた者の名義に変更する手続きを『相続登記』といいますが、この手続きは司法書士さんに依頼して行います。相続登記では、相続人全員の署名捺印（実印）と印鑑証明書の添付が必要です。気心のしれた兄弟姉妹であればよいのですが、祖父の名義のままだった場合、疎遠な親戚に協力を要請することになり、権利の主張をされたりすると、話がとても複雑になってしまいます。相続人が複数にもなると、手続きに時間がかかったり、最悪の場合、親族との話し合いがつかず、相続登記ができないという例もあります。

したがって、うちの家族は円満だから相続登記は必要ないとはいわず、できる限り早く、相続登記は行うようにしましょう！　相続登記ができなければ、相続はもちろん、売買や贈与などは一切できません。

4章

ちょっと珍しい
底地・借地の
専門家

ここまでの章で、底地・借地とはどういうものか、それらに関わる地主さん・借地人さんがどのような悩みを抱えているかについて、少しはご理解頂けたかと思います。続く本章では、底地・借地の不動産取引に特化した事業を営む、弊社・株式会社アバンダンスについて、紹介させて頂きます。

都内に0・12%！希少価値の高い「底地・借地」の不動産業者

株式会社アバンダンスを創業したのは、2011年7月のことです。社名のアバンダンスとは、英語で「豊かさ」を意味する言葉です。不動産取引を通じて、経済的な面や気持ちの面で豊かさを手にし、お客様に「笑顔あふれる人生を歩んでほしい」という思いが込めてあります。そんな弊社は、現在、次のような業務を手掛けています。

①底地・借地の買取り・仲介・売買交渉の請負い
②賃貸中のアパート、貸家の買取り・仲介・建替え相談
③底地・借地の相続対策、有効活用、各種コンサルティング
④その他、各種不動産取引全般

不動産業者といっても、お医者さんのように、各社に専門分野というものがあります。お部屋探しの賃貸仲介業者・一般住宅の売買仲介業者・中古マンションのリノベーションを手掛ける買取り再販業者・マンションや住宅を建設する開発業者など、不動産業者といえども多種多様な分野があります。そんな中で弊社は「底地と借地に関する不動産取引」を専門としています。底地と借地という言葉がメジャーでないことからも、この底地と借地の業界はとてもマイナーな業界なのです。不動産業界の人間であっても、底地と借地の区別がつかなかったり、ベテランでも底地取引の経験がないことも多々あるくらいなので、大変マイナーな業界だといえるのではないかと思います。

余談ですが、令和元年3月末時点で、東京都内の不動産業者は2万4704業者と日本国内で1番業者数が多いです。コンビニでも都内で7785軒(令和2年3月末)なので、不動産業者がコンビニの3倍もあるとは驚きです。

では、底地・借地に特化している不動産業者はどのくらいあるのでしょうか？　正確には把握できませんが、不動産業界に詳しい同業者に聞いたところ、東京都内では30社程度ではないかとのことでした。この東京の激戦区に、底地・借地専門業者は全体の0・12%程度しかいないのです。

底地・借地の専門業者が少ない理由

テレビや広告で見かける大手の不動産屋さんでも底地・借地を扱わないことはありませんが、専門ということではありません。なぜでしょうか？　底地・借地に関わる相談事やトラブルは、企業側からすると「労多く、実りが少ない事業」だからです。

具体的な借地権売買を例にすると、借地人さんから自宅を売却したいと借地権売買の依頼があった場合、まずは地主さんの承諾を得るところから業務がスタートします。

地主さんと借地人さんの間に入り、承諾の条件や承諾料の調整を行います。この承諾を得る調整も一苦労ですが、承諾を得た後の販売でも苦労を強いられます。高く売りたい借地人さんとは裏腹に、借地物件はなかなか売れません。値下げをお願いする度に担当者はストレスを感じてしまいます。

ようやく売買が成立したとしても、借地権なので売買代金は通常の所有権の一戸建てと比べて60%程度となり、得られる仲介手数料も60%程度となるのです。苦労と時間を考えると、一般住宅の販売に力を入れた方が良いということになり、これが底地・借地の専門業者が少ない大きな理由となっているのです。

また、底地・借地の取引では、法的な問題と税に関する問題など専門的な知識と判断が求められます。弁護士さん、税理士さん、司法書士さんや土地家屋調査士さんなど、あらゆる分野の専門家との連携と調整が必要になりますので、余計に面倒に感じてしまいます。

「面倒な案件ほど大歓迎！」が、弊社の強み

このように、普通では手掛けないような底地借地案件を積極的に取り扱い、面倒な案件ほど喜んで引き受けるだけあって、底地借地業界の人たちも色々と個性豊かな人たちが多いのも特徴ではあります。そんなクセが強い人たちの中でも、特に柔軟に対応が可能な専門家として弊社はご利用頂いております。

どのように柔軟なのかというと、元来、底地借地業者は、買取り転売がメインとなります。購入した後に、独自のノウハウで借地人さんにあらゆる提案を行い、購入した底地を転売して利益を上げていくわけです。もちろん、弊社でもこの買取り転売事業を主として行いますが、お客様である地主さんによっては、一括で売却したいのではなくて、借地人さんに1軒1軒交渉して売買の仲介をしてほしいと希望される地主さんもおられます。本来であれば、一括で買い上げて転売した方が利益となる可能性

が高いこともあり、底地借地業者はそのような仲介を引き受けることはしません。

しかし、弊社では底地借地の売買仲介でも、底地と借地の等価交換でもお引き受けさせて頂いています。また、税理士さんと協力して地主さんの相続対策にお力添えさせて頂いたり、底地と借地の交換を行ったり、定期借家でお医者さん向けの賃貸を行ったりもしています。この間口の広い柔軟性の高い底地借地業者であることが弊社の強みとなっているようです。

このような柔軟性の高い底地借地の専門家としての認知も少しずつ広がり、昨今では、テレビCMでもお見掛けするような大手ハウスメーカーさんや大手税理士法人さんといった業務提携先をはじめ、沢山の税理士さん、弁護士さん、司法書士さんなどの士業の先生方からのご紹介のおかげで、多くの地主さんや借地人さんのお力添えをさせて頂くことができるようになりました。ありがとうございます。

相続対策を目標とした専門家チームの一員に

さて、独立開業の頃から沢山のご依頼を頂けていた訳ではありません。ご高齢で保守的な考えを持つ地主さんであればあるほど、すでに懇意の不動産会社さんとのお付き合いもありますし、名の知れた不動産会社さんとお付き合いをしたいとお考えになる傾向が強いようです。起業間もない、どこの誰だかわからないような私と不動産会社に疑いの目を持つというのも理解できますし、痛いほどその現実を経験しました。

開業当時、何の後ろ盾もなく、ひたすらに、手あたり次第営業をしていた時のことです。やっとの思いでアポイントを得た地主さんのご自宅に訪問したとしても、「資本金は？」「創業何年目？」と尋ねられるばかり……。大事な財産である不動産の取引ですから、当然のことながら、何よりも信頼や安心を重んじるものです。そのために2年ほどの売り上げは散々な結果になりました（いま思い返しても苦しい時期でした）。

転機が訪れたのが、2013年でした。仕事が増えず、どうにかしないといけないと思った私は、2年後の2015年に相続関連の法制度が改正されることを知り、これからは相続が地主さんの関心となっていくだろうと見当をつけ、地主さんの信頼を得るため、何か相続の資格を取ろうと考え、相続診断士の資格を取ることにしました。それに加え、相続税対策や遺言書の作成、不動産を活用した相続対策などを猛勉強して、地主さんの相続税のお悩みを解決する目的で、別会社「あいか相続対策研究所株式会社」を立ち上げました。相続に関連するセミナーにも足繁く通い、人脈も増やしたいと不慣れな異業種交流会へも参加するなど必死になっていた時期です。特に、相続診断士協会のセミナーでは、相続に力をいれている様々な業種の専門家が集まっており、現在も交流が続いている税理士さんや保険屋さんも、こちらのセミナーが出会いの場だったという先生もおります。

各種セミナーや懇親会で情報交換をしている際に、「底地・借地に特化した仲介やコンサルティングをしているんです」と参加者の方にお伝えすると、「底地借地って聞くと、胡散臭そうとか危なそうというイメージがあって、あまり触りたくない部分だった」という声を多く聞くことができました。そこで、具体的にこういうことをやっていますという話をすると、「地主さんにとても良い提案ができそうだ、地主さんに詳しい話をしてほしい」ということが増え、底地借地の潜在的なニーズがあることを確信したのでした。

専門家の先生方の力があって、初めて「底地・借地のプロ」になれる

この頃、恩人ともなる方と出会います。ある金融機関の支店長を歴任されたOBのIさんですが、相続診断士協会のセミナーで同じテーブルに座ったことがご縁となり、その後、私をいくつかの異業種交流会に招待してくださり、参加者の方々にも丁寧に私をご紹介頂き、「底地・借地のプロ」としての知名度も少しずつ広まっていくこととなりました。

また、Iさんと出席した異業種交流会では、大手ハウスメーカーの大ベテランYさんと出会う機会を得ました。このYさんとの出会いで、弊社はさらに大きく前進することができました。Yさんは大手ハウスメーカーでも、一般住宅の建築とは違う部署におられ、地主さんや資産家の相続対策や資産運用を専門とされる部署の大ベテランでありました。Yさんは外部の税理士さんなどの専門家と相続対策チームを独自に編成されており、相続セミナーなども定期的に行っておられました。

Yさんに寄せられる相続案件には底地借地が絡むことがあり、弊社はセミナー終了後の、お客様個別相談会の相談員の一人として参加させて頂くことからスタートし、ついには、底地借地をテーマにしたセミナーの講師をご依頼頂くほどになっていきました。こうして少しずつチームでの実績を積み、弊社も底地借地の分野の専門家としてチーム入りを許されたのでした。同時に、Yさんを通じて東京・神奈川の各支店様からのご相談が増えていくことになり、ついには大手ハウスメーカーさんと業務提携契約を取り交わすことができるほどまでになりました。

この業務提携以降、底地借地に限らず、不動産売買や賃貸の相談が大きく増えていくことになりました。例えば、お客様が相続した実家を売却したいというご相談は、茨城県や群馬県、山梨県や静岡県、石川県、宮城県、そして九州は大分県など日本全国からご相談を頂くことができ、弊社の『柔軟性』に加え、もうひとつの強みでもある、『フットワークの軽さ』で、一つひとつ丁寧に対応させて頂きました。

さて、この時の相続対策チームの一員であった大手税理士法人さんとも、同時期に業務提携を交わすことができました。こちらの大手税理士事務所は相続専門として有名で、多くの地主さんや資産家の相続相談を受けており、弊社以外にも大手の底地借地専門業者を始め不動産会社との取り引きがありましたので、弊社では他社が手掛けないような難易度の高い案件（倒産夜逃げした店舗の売却相談など）や、他社が手掛けて塩漬けとなってしまった案件を積極的にお受けさせて頂くことで、少しずつ実績を積んでまいりました。

こうしてYさんを中心とした相続チームの一員として、これまでの底地借地のノウハウを存分に発揮できる舞台へと押し上げて頂くことができ、同時に、不動産会社単独での提案営業よりも、税理士さんなど各種専門家のノウハウを結集した総合力での提案営業の方が、より幅広い提案と問題解決が可能で、一段とお客様の満足度が高いことを学びました。自分の専門じゃないことはわかりませんとあっさりお断りすることはせず、身近にいる頼もしい専門家の先生方の力をお借りして、積極的にお客様のご相談に向き合っていかなくてはと、学ばせて頂いた貴重な経験でした。

思い出に残るお客様とのエピソード

これまで、沢山のお客様とのお取引があり、沢山の思い出があります。

まずは、創業間もないころの話ですが、渋谷区の地主さんから台東区の吉原に近いところで保有する土地を売りたいというご依頼がありました。ご依頼主の地主さんからは、まずは隣のAさんに売却の話があることを伝えてほしいとご注文がありました。

この時、顔見知りなら直接お伝えすればいいのになあと思いながらも、お引き受けをさせて頂きました。

さて、何も知らずにAさんのご自宅へ訪問したのですが、ご対面させて頂いたのは、大変な貫禄と強面の怖いおじ様で、大きな声としゃべり口調はとてもきつく、見た目と威勢の良さに、逃げ出して帰ろうかと思うほどでした。

しかし、土地の売買については、二つ返事の即断即決で、顔は怖いけど、とても気前の良い方なんだなあとこの時は思ったのですが、この後の契約手続きがとにかく大変でした。

後日、売買契約書案などの重要事説明をしようとしたところ、Aさんはとにかく気が短く、15分も座って説明を聞いていると「もう分ってるから大丈夫だ！ 土地の売り買いなんて何度もやっているから心配ないよ！」と怒り始めてしまいます。何度も怒られながら進めましたが、「もういい。帰ってくれ！」と追い返されることもありました。

また、本人確認書類として運転免許証の提出が必要になる旨の説明をした際には、「今まで本人確認などしたことがない、経験不足だ！」とか「本人確認もなにも、俺は俺だ！」という始末で、もう無理だ、諦めようかと思うほどでしたが、挫けずに「犯罪収益移転防止法」のパンフレットを出し、説明を行いなんとか理解を得ることができました。その後も、何度も繰り返し通いつめ、ご契約の説明等を終わらせることができたころには、Aさんにはすっかり愛想を尽かされていたと思います。

極めつきが契約手続き最後となる残金決済の最終確認の電話でしたが、「わかってるよ！　話が細かい！」と怒鳴られ、電話を切られてしまいました。その後も電話に出てもらえず、お伺いしても「分ってるといってます」と奥様に申し訳なさそうにいわれたりしました。こんな調子で決済は大丈夫だろうかと決済前夜は大変心配で眠れなかったことを覚えています。

そんな不安を抱えての決済当日の朝、銀行にトボトボ向かいました。するとAさんは約束よりも早くお越し頂いていたようで、立派な応接室まで用意しておいてくださいました。さらに、銀行の支店長さんに私を紹介して頂いた際に、「彼は愛すべき若者だよ」といってご紹介頂いた際には、もう何が何だかよくわかりませんでした。

無事に決済を終えて、Aさんのお帰りをお見送りする際、同席されていた息子さん（息子さんもまた大変な貫禄で、街で見かけたらきっと目も合わせないと思います）が、「色々大変だったようだけど、オヤジは『中川さんはバカが付くほど真面目で正直だけど、信頼できる男だ』と認めてたよ。これからもよろしくな！」と言われた際には、涙が出そうになりました。

これ以降、Aさんの不動産売買を始め、Aさんや息子さんのご友人等のご紹介などお付き合いは現在まで続いていくのでした。もしあの時の重要事項説明や本人確認の説明の際、途中で挫けて妥協していたりしたら、きっと現在のような関係を続けて頂けることはできなかったと思います。

火事になった借地での出来事

こちらは横浜の税理士事務所さんからのご紹介の地主さんからの相談でしたが、借地人さんのご自宅が全焼してしまったとのこと。地主さんから「これを機に土地を返してもらいたい」というご相談です。

余談ですが、建物がなくなる（滅失する）と借地権も消滅するものと地主さんは考えがちですが、火事で建物が焼失した場合でも、借地権は消滅しません。しかし、第三者に借地権を対抗することができなくなるので、この土地に借地権が存在しますと所定の内容を明示する看板を現地に立てておけば、焼失の日から2年間は借地権が維持できると法律で定められています。

つまり、土地を無償で取り戻そうということは大変難しいことなのです。こう話すと多くの地主さんはがっかりしてしまいます。

さて、ご依頼の地主さんと面談した際、「土地の返還を求めるのは簡単ではなく、多くの場合、借地権は買い取ることになります」とご説明を差し上げましたが、地主さんは「土地を使わなくなれば返してもらうことになっている」とか、「今まで土地の返還で借地人さんにお金を払ったことがない」と平然と仰るのです。地主さんのお子様たちも、さすがにお父様のお考えに驚かれたご様子で、今はそんな時代じゃないんだよと説得してくださり、最終的には地主さんからも借地権売買になっても仕方がないと渋々ご了解を頂くことができました。この時の私は「きっと、借地権価格の交渉がメインになるだろう」と見当を付けていました。

早速、火事から2週間ほどしか経たない、知人の家に間借りしている借地人さんを訪ねることにしました。お部屋には焼けた残った品物が置いてありましたが、焼け焦げた臭いが漂い、火事の恐ろしさを目の当たりにしました。そんな途方に暮れている高齢のご夫婦に対して、「これを機会に土地を明け渡してほしい」とダイレクトに伝えることは簡単ではありませんでした。

まずは、「今後どうされますか?」と借地人さんに聞いてみると、何からどう手を付けたら良いか全くわからないということで、あまりにも気の毒でした。そこで、借地人さんのご家族について聞いてみると、息子さんが一人いるとのこと。このような時なので、息子さんに頼ってみてはどうかとご提案し、後日、息子さんも含めて再度、借地人さんとお会いすることにしました。
2回目の面談には息子さんも同席して頂き、地主さんは借地関係解消の意向があることをお伝えしました。息子さんから「火事になったとはいえ、借地権には価値があるはずだ」というご指摘がありました。やはり、借地権価格の交渉になるかと思い、当初の地主さんのお考え通り、「地主さんは、対価をお支払いすることは想定していないご様子でした」とお答えしました。この後、借地人さんより強い反発があることを覚悟しましたが、ご両親より「地主さんには、これまで長くお世話になってきました。今回の火事では地主さんにも大変なご迷惑をお掛けしてしまいました。地主さんの言う通りにさせて頂きます」と、予想外の回答が返ってきて大変驚きました。息子さんも最終的には「両親の気持ちを尊重したい」ということになり、スムーズに土地賃貸借契約の解消合意書を取り交わすことができ、地主さんは当初の希望通り土地の無償返還を受けることができたのでした。

最後の最後まで、借地人さんは地主さんに感謝をされていて、借地権だって

1500万円程の評価はあるはずなのに……と、とても不思議な経験をした取り引きになったことを覚えています。

今回は火事が原因でしたが、引越しや相続などでも同じようなことが起こる場合があります。本来の借地権価値を度外視して、地主さんには昔からお世話になってきたという感謝の気持ちが優先され、自発的に地主さんに土地を無償でお返ししたいとする借地人さんもおられます。このように、底地借地の取り引きにおいては、お金よりも地主さんと借地人さんの人間関係が優先されることもあるのです。

しかし、このような無償での土地返還はレアケースです。多くの場合、地主さんとの間での借地権売買として、地主さんから借地人さんに借地権相当額のお金の支払いが伴いますので、借地人さんはある程度のお金を手にすることができます。このお金を元手にマンションを購入したり、老人ホームに入居される方もいます。

権利の行使は決して悪いことではありません。借地関係の解消の場合、建物解体費用なども含めて、解消の条件を地主さんと借地人さんの間で取り決め、キレイな形で借地関係の終わりを迎えることができるようにお力添えさせて頂くことが弊社の役割となります。

山奥でおじいさんを背負い遭難寸前の現地調査

続いては前述のAさんのご相談で、長いこと売却ができず放置されている福島の山中にある土地建物の売却相談を頂いた時の話です。

市街地より30分ほどの山中のロードサイドにある元飲食店で、かつてはAさんやお兄さんがステーキハウスを経営しており、芸能人も通うほど繁盛していた思い出のお店とのこと。もうお店を畳んで10年は経ち、売却しようと地元の業者に相談しましたが、買い手がつかず放置していました。国道沿いとはいえ、無人で人里離れた山中のため、ごみの不法投棄の問題もあり早く売却してしまいたいとのことでした。

しかし、Aさんの最大の心配事は別にありました。それは、借り受けた国有地の原状回復義務です。本地は水道が無いため、隣の山の沢からきれいな山水を引き込んでいたのです。この引き込みの水道管は、国有林や国道を通って本地に引き込んでいました。

この国有地を通すためにAさんと国との間で土地賃貸借契約を交わしていたのですが、この契約条項に、転貸や水道施設等の無断譲渡を禁止する内容とともに、原状回復義務が明記されてありました。万が一、購入者が水道施設を必要としない場合、Aさんの費用負担で、水道施設を撤去しなければいけません。水道管は全長2㎞ほどあり、トラックや機械はとても入れない山中です。

また、片側2車線の国道にも水道管が埋設されており、撤去する場合は交通規制が必要となる大掛かりな工事になります。この原状回復費用は何百万円では済まないことが予想され、このためにAさんはお店を解体することもできず、現在まで放置してきたとのことでした。Aさんはこの爆弾を抱えた物件を息子さんに残すことのないように、何とか自分が元気なうちに解決したいと言っておられました。とても難易度の高そうな案件でしたが、是非挑戦させてくださいとお受けさせて頂いたのです。

さっそく現地に赴き、90歳にはなろうかというAさんのお兄さんと待ち合わせ、一緒に土地建物の調査とともに、30分程山を上がった所にある沢の水を引き込む取水口と配水管や、山の中腹に設置したテレビアンテナなどを確認することにしました。

しかし、それらの詳細な地図や図面が一切なく、Aさんのお兄さんの記憶に頼るしかありませんでした。20年以上が経過し、お兄さんも正確な場所を覚えていないということで、とりあえず記憶を頼りに山中を探し回ることに。特にテレビアンテナの捜索はとても過酷でした。這って進まないといけないような急な斜面を、熊が出るかもという状況の中、鈴を鳴らしながら1時間ほど探し回りました。途中、お兄さんは疲労困憊で動けなくなり、それからは私1人で、どこにあるのか、見たこともないテレビアンテナを探し回ることになりました。お兄さんは、「大きな松の木のそばだ」とアドバイスを頂きましたが、ツッコミを入れる余裕など、この時の私には残されてはいませんでした。

山の上の方を見上げながら大きな松の木を探しつつ、険しい崖を這い上がっていきました。ようやく、目的のテレビアンテナを見つけたのですが、テレビアンテナは周囲の木々に溶け込んでおり、木製の電柱のような柱に家庭用のテレビアンテナが固定されたものだったので、見つけることができたのは本当に奇跡だったと思います。

テレビアンテナの現状調査と写真を撮影し、概ねの位置を把握して、お兄さんのもとに戻りました。お兄さんは大変お疲れで、とても歩けそうになく、私はお兄さんを背負って下山することを決意しました。私も普段は運動をしないので、この時すでに私の太ももはパンパンになっていましたが、熊の恐怖もあり、力を振り絞って下山しました。

途中、力尽きて二人して転んでしまった時があり、お兄さんから「ここでしばらく休憩して帰るから、先に一人で下山してください」といわれましたが、「転んで申し訳ございません。大丈夫です！　一緒に下山しましょう！」と言った際、何かの映画かドラマのようで二人して笑ってしまいました。後にも先にも経験がない、貴重な思い出です。

現地調査はここまでするのかと思われるかもしれませんが、売買仲介をする場合、取引完了後にトラブルに至ることが絶対にあってはいけません。売主さんや買主さんの双方にご迷惑をお掛けすることになりますので、売買契約を取り交わす前には必ず売主さんへ売買物件の状態や周辺環境などのヒアリングを行うと同時に、現地や役所調査を行います。今回のように売主さんにも同行頂き、山の中を歩き回ることはレアケースですが、売買対象に含まれる付帯設備も買主様に事前説明が必要となりますので、使用可能かどうかも含め調査を行います。

これらの調査結果をまとめた物件状況報告書を作成し、買主様に修繕の要否も含め詳細のご説明を差し上げ、購入するかどうかの判断材料をご提供するのです。こうした地道な調査を怠ると、後々大きなトラブルに発展することもありますので、売買仲介をご依頼頂いた際は絶対に手は抜いてはいけません。

さて、この山中の土地の購入者を探すのは大変苦労をしました。やっと購入者が見つかったと思えば、隣の山の沢から敷地に引き込んでいた水道管の途中が土砂崩れによって破損してしまい、険しい山の中なので車や機械も入らず、人力で修復工事を行うことになったり、買主さんへ国有地の貸し付け契約の変更を行うための審査等の事務手続きに時間を要したこともあり、ご依頼から取引完了まで2年近くかかってしまいました。

そのころ、Aさんは体調を崩しておられ、残金決済もAさんに代わり息子さんが出席されておりました。決済後、息子さんから、「親父は持病が悪化して意識不明の状態で都内の病院に入院している。本人はわかんないと思うけど、売買が終わったよって一緒に報告に行ってくれないか?」と聞かされ驚きましたが、「是非、直接報告させてください」とお願いしました。

息子さんと一緒に入った病室でAさんは苦しそうな息遣いでしたが、眠っておられるようでした。「オヤジ、中川さんが来てくれたよ」という息子さんの後に続き、私も「Aさん、○○の物件、無事に終わらせることができました」と耳元でお伝えしたところ、意識はないということでしたが、「うん、うん」と、頷くように頭を動かしてくださり、まるで返事をしてくれたようでした。

翌日、Aさんはお亡くなりになったと、息子さんから連絡があり、「オヤジは中川さんを待ってたんだね。心残りもなくなってきっと感謝してるよ」と仰って頂きました。「元気なうちに完了して報告したかった」という後悔と反省の念に駆られました。

このAさんとのお別れでまた一つ学びました。お客様は色んなご事情で弊社を頼りにご相談に来られ、売買等をご依頼頂いています。柔軟な対応だけではなく、『より迅速に』ご対応させて頂かなければならないのだと。

いつもそばに、親切すぎてちょうどいい

手前味噌なのですが、「アバンダンスは親切で頼りになる」とか、「ここまで手厚い不動産会社は聞いたことがない」とお客様やご紹介者様にお褒めの言葉を頂戴することがあります。これは、一般の不動産屋さんでは、なるべく時間と手間をかけず、取

り引きが終われば、次は新しいお客様という具合なので、弊社のように度々足を運んだり、取り引きの後でも連絡を取ったりすることが珍しく思えるようです。

例えば、不動産売買には税金が付き物です。お客様が売却した不動産の確定申告をどうすれば良いかとお困りであれば、譲渡の申告に強い税理士さんを積極的にご紹介させて頂きます。当然ですが、税理士さんをご紹介して、お客様や税理士さんから手数料を頂こうということではありません。単純にお困りであるなら、是非良い税理士さんをご紹介させて頂きたいという一心です。

さらに弊社の場合は、お客様の同意を得て、なるべく弊社も同席させて頂くようにしています。同席させて頂いた方が、初対面の税理士さんとお話をするお客様も安心して頂けますし、打合せ時の売買の詳細な内容については、タイムリーに弊社から税理士さんに説明することも可能だからです。その後も税理士さんとは進捗を確認しながら、足らない資料があれば弊社からお客様に連絡をして受け取りに行ったりもします。所得税の納付をされたかについてもお客様に確認を行い、最後は税理士さんの報酬もお支払いをされたか確認を行い、税理士さんにも入金の確認を行います。

こうして完全にご紹介させて頂いた取り引きが終わるまで、ずっと見守り続けますので、「ここまでするの？」と税理士さんにはいつも驚かれます。


それから、お客様がお困りとあれば、できることは全力でご支援させて頂きますし、場合によってはすぐに駆け付けるようにしています。

ある地主さんのご自宅の庭には植木がたくさんあり、その植木の一部が隣家や道路にはみ出て迷惑を掛けていると聞くと、「私で良ければお切りしますよ！」と申し出たことがありました。私は植木職人の経験もありませんので、飛び出た部分をカットする程度しかできませんでしたが、とてもお喜び頂けました。また、地主さんのお庭の草むしりやお掃除を雑談しながらご一緒することもあります。

余計なお世話と思われるようなことも、ついついお節介でやってしまうことが多々あります。困っている人は放っておけない性分なのです。

底地・借地の専門家としての仕事とは？

弊社での底地・借地のお取引きは、基本的に既存のお取引先や提携しているハウスメーカーさん、税理士法人さん、弁護士さんや保険会社さんなどからお客様をご紹介いただくことから始まります。

ありがたいことに、ここ数年の弊社でのほとんどのお取引は、ご紹介頂いたお客様とのお取引のみとなっています。それだけに、一つひとつのご相談・ご依頼に対してお客様に満足して頂けないと、ご紹介者様の期待に応えられなかったということになり、最悪の場合、次のご紹介が頂けなくなってしまうのです。幸い、これまでは何とか皆さまのご期待にお応えさせて頂くことができております。

さて、そんな弊社の主な底地借地の取引き事例を、いくつかご紹介させて頂きます。

1 底地の自社買取り　東京都世田谷区

大手ハウスメーカーさんからご紹介頂いた90歳の地主さん。こちらの地主さんのご自宅は、駅から数分の好立地に100坪超もある立派なお屋敷を所有されており、アパートの他にも、底地（貸宅地）を複数所有されていました。相続税の法律も改正されたばかりで、将来の相続税について心配されており、大手ハウスメーカーのYさんに相談があり、大手税理士事務所さんと弊社にお声掛け頂いたのでした。

まずは、税理士さんが地主さんの保有資産等を調査し、万が一の場合の相続税の試算を行いました。税理士さんの調査結果は、安定した賃料収入の入るアパートよりも、地代収入が安い割に固定資産税が高額で、なおかつ相続税評価が高く、相続税の負担を重くしてしまう、底地から優先的に売却してはどうかという提案でした。

そこで、この底地をどのように売却していくかという話になり、「業者への一括売却」と「借地人さんと1軒ずつ直接売買する」、2つの方法があることを弊社から地主さんにお伝えしました。さらに地主さんから、借地人さんのお人柄やこれまでの借地の経緯やトラブル状況等を詳しくヒアリングしたところ、借地人さんに高齢の人がいたり、一部の借地人さんは国有地と跨っていたり、さらには過去に調停歴がある借地人さんもいるなど、短期間で借地人さんとの直接売買の成約率は決して高くないだろうと判断するに至りました。

地主さんも元気なうちに、また、一日でも早く売却して安心したいというご要望もあり、底地の一括売却を選択することを決心し、弊社で底地を一括で買取りさせて頂くことになりました。この取引では、測量不要としたため、ご契約から残金決済までわずか2週間ほどのスピード取り引きとなりました。地主さんは、底地問題が長い間ストレスだったこともあり、肩の荷も下りて、ホッとしたと大変お喜び頂けました。

2 底地の現金化　神奈川県川崎市

これは、大手税理士事務所さんからご相談を頂いた案件です。

実はこの案件は、1年半ほど前から大手の同業者に依頼して、こちらの地主さんの所有する30数件もの底地の現金化を行ってきたそうですが、半分弱が売れ残った状態で売買交渉がとん挫してしまい、相続税対策のプロジェクトの要である底地の現金化が目標金額に到達しておらず、何とかなりませんかという相談だったのです。

元来、底地業者が借地人さんと行う底地売買の成約率は概ね50%～60%程度ですので、大手の同業者もやれることは全てやり切った後なのはすぐにわかりました。同時に、大手業者は他社に任せるなりご自由にどうぞということだったそうですから、この売れ残りの底地は一筋縄ではいかず、今後の売買交渉は大変なことになることを意味していました。

しかし、地主さんも税理士さんも困って頼って頂いている以上、できる限りのことはさせて頂きたいという決意でお受け致しました。

実際には業務委託契約を地主さんと弊社とで交わし、地主さんに代わり、弊社が1軒1軒の借地人様と底地の売買交渉を行うというものです。売れ残った底地、つまり、一度は底地売買を拒否された借地人さんなので、面談のアポイントを取り付けるところからが大変な労力を要しました。現金化の詳細は企業秘密ですが、結果としては、ご依頼後10か月ほどで、地主さんが売却せず残されたいという底地以外は全て売却現金化することに成功し、ご依頼時に期待されていた売却代金の約2・6倍もの現金化に成功しました。

この結果には地主さんも税理士さんにも大変喜んで頂くことができ、現在も、お取引きが続いています。

3 底地と借地に関する各種コンサルティング

弊社の業務の一つに、「底地と借地に関する各種コンサルティング」と、大変アバウトな業務内容を掲げていますので、一体何ができるのかと質問されることが度々ありますので、ここで具体例をご紹介させて頂きます。

弊社には地主さんや借地人さんから、「次の更新で土地を返してもらいたい」「借地を自分の土地にできないだろうか？」「借地が広すぎて、地代と更新料の負担が大変だ」など、様々なご相談が寄せられます。

しかし、土地を貸し借りしている関係上、底地や借地について何か手を加えたい、現状を変えたいと考えたとしても、相手方の同意がなければ何も出来ないのが実情です。

そこで、相手方に相談に行くわけですが、「土地を返せといわれても住むところがなくなるじゃないか！」「先祖の土地だから土地をお譲りするのは難しい」「借地権を買い取ってほしいといってもそんなお金がない！」などと、相手方にも色々とご事情があり、同意を得ることは簡単ではないかと思います。

そんな時の折衷案として利用するのが、地主さんの底地と借地人さんの借地の一部をそれぞれ交換するという方法があります。この交換では、借地関係の解消と共に、地主さんも借地人さんも半分程度に敷地は小さくなってしまいますが、それぞれ完全な所有権の土地を、お金のやり取りをすることなく手にすることができますので、双方の歩み寄りを得やすい提案のひとつになります。

さらに、規定の要件を満たせば、「固定資産の交換特例」という税法上の制度を利用することが可能で、本来、課税されるはずの底地権や借地権の権利移転に伴う所得税が課税されないので、大変心強い追い風となります。

この底地と借地の交換を実現させるため、弊社で地主さんと借地人さんとの間で条件調整等を行い、「固定資産の交換特例」を利用できるよう、税理士さんに土地の評価と共に助言を受けつつ、土地家屋調査士さんに現地で分割交換ラインを引いてもらい、建物や地中埋設配管に越境問題が生じないかを確認するなど、各種専門家と連携して底地と借地の交換プロジェクトを進めます。

交換契約は弊社でも多数のご依頼をお受けしてまいりました。少々変則的な交換契約でも、経験豊富な税理士さんや弁護士さん、土地家屋調査士さんと連携していますので、ご対応させて頂くことが可能です。

例えば、交換の提案をお受けしたい借地人さんでも、今すぐには借地を明け渡すことができないケースが多々あります。こうした場合、借地の明渡し時期を話し合いで数年後に設定することや、それまでの間、借地人さんは現状通り土地の利用を可能とするなど、交換契約の内容はある程度自由に設定することも可能です。

しかし、このような変則的な交換契約をする場合は、地主さんが取り戻す土地上の借地権が解消されるとはいえ、明渡し時期まで借地人さんの建物が残ったままとなりますので、色々な事態を想定し対処方法についての検討が必要となります。

さらに、権利関係や税金関係の問題が、今後の地主さんや借地人さんに大きな影響を及ぼしますので、弁護士さんや税理士さんと連携し、慎重に交換プロジェクトを進める必要があります。

さて、底地や借地というとお寺や神社と思い浮かべる人も多いかと思います。都内の底地借地は相続等で地主さんが手放すなどして、年々減少傾向にありますが、お寺や神社が地主さんの場合、宗教法人は相続と無関係なこともあり、底地借地が現在も沢山残っています。

お寺や神社が地主さんといっても、借地人さんとの間では様々な問題が生じたり、各種手続きが必要になったりと、弊社にも沢山のご相談を頂きます。借地権売買に伴う譲渡承諾、借地人さんのご自宅の建替え等の増改築承諾、レアケースでは借地人さんとの交換契約など、様々なご相談に対応させて頂いています。

そんな沢山のお寺や神社などの宗教法人さんからのご相談の中でも、特に大変だった案件をご紹介させて頂きます。

ある宗教法人の保有する土地をその宗教法人の役員が個人で借り受け、その役員がアパートを新築したいというご相談でした。そもそも、新規の借地権設定は権利金の授受がなければ、相当の地代（土地価格の6％とかなり高額）を授受しないと権利金相当額の認定課税の問題が生じてしまいます。

そこで、「無償返還の届出」を税務署に提出し権利金の認定課税の問題はクリアするのですが、地代の問題まで解消できるわけではありません。実際の地代との差額については、その役員は役員報酬となったり、宗教法人はその分を寄付金とするなど、そもそもが、難しい案件なのですが、この案件は、更に事情が複雑でした。

というのも、この役員が従来から借地をしていた2か所の旧法借地権の土地に加え、隣接する宗教法人が所有する2か所の土地の合計4か所の土地で、2棟のアパートを建築したいという相談だったのです。しかも、「2か所の旧法借地権は存続させたい」「建替え承諾料や権利金の諸費用を最小限に抑えたい」「宗教法人の代表役員が交代した後においても安心して借地を続けたい」という、様々なご要望がありました。

この時も、弁護士さんや税理士さんと連携し、2つの新規設定借地権に旧法借地権を組み合わせるために、旧法借地権の借地位置の変更を行うところからスタートし、新規借地権の権利金対応と新規地代設定などを行い、最終的に4つの土地賃貸借契約書を作成し、無事に全てのご要望をクリアすることができました。

実は幅広い不動産取引に対応が可能です!

とてもありがたいことに、お取引をさせて頂いたお客様だけではなく、弁護士さん、税理士さん、相続に携わる様々な専門家からも多くのご相談を頂いており、底地借地専門の不動産会社とはいえ、昨今は様々な分野の不動産取引を承っています。

ちなみにですが、いつも「面倒で厄介な不動産案件大歓迎!!」と宣伝していますので、一部の税理士さんなどからは、「え! アバンダンスさんは通常の不動産取引もやってるのですか!!」と驚かれることがあります。そうなんです！　喜んで普通の不動産取引をお受けさせて頂いております!!

以下、弊社の底地借地以外の不動産取引の実績についてもご紹介させて頂きます。

1 実家など相続で取得した不動産を売却したい

関東以外でも喜んでお受けさせて頂きます。お客様が東京などにお住まいで、地方の実家のご売却などもご相談可能です（山口県、福島県、石川県、山形県、青森県、高知県などの遠方でも多数実績あり）。

2 最近使っていない別荘を売りたい

土地だけでは売買の成約が厳しいことが多いのですが、富士山が見える場所であれば、何とかしてくれる頼もしい社長もご紹介できます！

3 老朽化したアパートを建て替えたい

入居者のお引越し先のご紹介などの賃貸仲介も可能です！

4 再建築不可の土地を何とかしたい

2mの接道を確保できるよう、近隣の方らとの交渉をお請けします。

5 駅近くの土地を売りたい、広い土地を売却したい

場所によりマンションデベロッパーをご紹介します。住宅用地、アパートマンション用地など、最も良い条件で購入して頂ける買主様をご紹介できます。

6 相続対策、資産の有効活用をしたい

提携税理士さんによる、売却した場合、借金して建築した場合などの相続シミュレーション（無料）を作成し、アパートのみならず、貸し店舗、貸し診療所などをご提案します。もちろん、テナントやドクターのご紹介まで最初から最後までお手伝いさせて頂いております。

7 住宅ローンの返済が苦しくなったので自宅を売りたい

銀行などの債権者と調整を行い、売却代金で一括返済を目指します。競売前の任意売却も承っています。債務整理は頼りになる弁護士さんをご紹介させて頂きます。

8 その他、諸事情のある不動産を売りたい、何とかしたい

権利証がない、土地の境界で揉めている、長く空き地にしていたらなぜか畑になっていた、自主管理の古いマンションを売りたい、私道に面した物件を売りたい、至急現金が必要になったので買い取ってほしい等々、様々なご相談をお受けしています。

このように、様々なお客様からお悩みが寄せられ、無事に解決へと導かせて頂けるのも、多くの専門家の先生方のお力添えがあってこそです。この様々な専門家の先生方との連携は弊社の最も大きな強みだと思います。

専門家の皆さまには本当に心から感謝しています。「皆さま。いつも、本当にありがとうございます！」

5章

底地・借地に関わる、あらゆる専門家の皆さまへ

底地・借地に触れる機会があるのは、私のような専門家だけではありません。税理士さんや弁護士さんといった士業の方、不動産会社の方、住宅やアパート・マンションなどの建築会社やハウスメーカーの方、保険会社の方、銀行や信用金庫などの金融機関の方、農協（ＪＡ）の方など、多岐にわたる職業の方たちが、地主さんや借地人さんから相談を受け、底地借地問題の解決から、相続対策、土地活用のアドバイスをなされていることと思います。

底地・借地はかなりニッチでマニアックな分野ともいえるので、それぞれの分野ではプロフェッショナルである皆さまも、いざ、底地・借地の問題に直面すると、どのように対処すべきか戸惑う場面があるとお聞きすることが多々あります。

同時に、他にも多くの案件を抱えていることもあり、どうしてもそのような底地借地の案件については、引き受けが難しくなる傾向があるようです。

本書では、そのような皆さまに、地代や更新料、各種承諾料の相場などの目安のご紹介をはじめ、底地・借地の問題解決や有効活用の方法などについて、お伝えしたいと考えています。同時に、「底地と借地の専門家」であるアバンダンスという不動産会社のことも知って頂き、皆さまの大切なお客様がお困りの際は、お気軽にアバンダンスにご相談頂けましたら幸いです。

アバンダンスは、数少ない〝柔軟な対応が可能な〟底地・借地の専門家

本書を読み進めて頂いている方ですと、すでにおわかりかと思いますが、「底地・借地」は不動産業界内では、あまり手掛けたくない分野とされています。

そのため、皆さまが大切なお客様から底地借地に関する相談を受けた際、仮に大手の不動産会社に底地借地の相談を持ち掛けたとしても、歓迎されなかったり、対応が遅かったりするのです。これでは、相談者である大切なお客様と皆さまの信頼関係に

問題が生じてしまいます。

　大切なお客様の底地売却を、底地買取り業者さんに相談しようとする場合もそうです。専門家の皆さまであっても、底地借地の専門会社を知っているということは少なく、インターネットでの検索や過去のダイレクトメール等から見積もり依頼などの問い合わせを行うことかと存じます。取引の実績がない底地買取り業者さんを、大切なお客様にご紹介するのはとても不安に感じるのではないでしょうか。実際、底地買取り業者さんにも色々な業者がいるので、売買契約までは丁寧だったのに、取引後にトラブルに巻き込まれた例も少なくありません。

　そのような経緯でトラブルに至った結果、どこからか弊社を紹介されて相談に来られた専門家の皆さまには、「どこに相談したら良いかわからなかった」とか、「一番にアバンダンスへ相談にくれれば良かった」と、残念に言われます。弊社も同じように、「もっと早く、お会いすることができていたら良かった」とか、「もっとアバンダンスのことを、広く世間の皆さまに知って頂きたい」と悔しく思うことが多々あります。

専門家の皆さまから持ち込まれるご相談事例

アバンダンスは創業から10周年を目前とし、ハウスメーカーさんを始め、税理士事務所さんや司法書士事務所さん、弁護士事務所さんなどの各種士業の皆さん、保険会社さんなど相続を専門とする各種専門家の皆さん、金融機関さんやＪＡさんなど、普段から地主さんと親密なお付き合いをされている多くの専門家の皆さまから、大切なお客様をご紹介頂いております。

不動産業界でもニッチでマニアックな領域とされる底地・借地の分野に携わる場合、法律や税金の分野においても、ニッチでマニアックな専門的知識が要求されます。同時に、地主さん・借地人さん双方との間でバランスの良い交渉が求められることもあり、弊社には多種多様な業種・業界の方たちから、底地・借地に関するご相談をお受けします。皆さまからのご相談は、弊社と連携を取って頂いている各種専門家の皆さまに助言を求め、確かな裏付けを取りながら進めてまいりますので、安心してお任せ頂けます。

では、どのような専門家の皆さまから、どのようなご相談が寄せられ、どのように対応しているのか、その一例を簡単にご紹介させて頂きます。

底地・借地に関する不動産のご相談の例

税理士さんからのご相談事例①

所有不動産の多くが底地（貸宅地）という地主さんの相続対策で、不動産を一部売却し、納税資金を確保したい。

⇓弊社で底地を購入させて頂き、納税資金を確保することができました。なお、弊社が購入した底地については、弊社で借地人さんと底地借地の売買や等価交渉等の交渉を行い、契約後はご紹介頂いた税理士さんに、確定申告や等価交換、相続のコンサルティングをお願いすることも多々あります。また、弊社が買主ではなく、直接借地人さんに底地を売却する仲介業務も多数承っております。

税理士さんからのご相談事例②

地主さんと前回の更新時にトラブルになり、現在も法定更新中という借地人さん宅を、賃貸併用住宅に建て替えたい。

⇓お客様である借地人さんに、建替え承諾料の支払いに加え、未納の前回更新料の精算が必要になる可能性があることを説明。その後、弊社で地主さんと丁寧な交渉を進め、無事に建替え承諾を取得し、借地人さんは計画通りの賃貸併用住宅を建築することができました。

また、建替え承諾に限らず、借地権売買に関する事務手続きも多数承っております。

ハウスメーカーさんからのご相談事例

駐車場に幼稚園を誘致し有効活用をしたいが、園庭確保の関係で、底地（貸宅地）部分も計画地に含めたい。

⇓弊社で借地人さんと慎重に交渉を行い、借地権売買により借地を解消し、有効活用を実現することができました。状況により、明渡し案件に強い弁護士さんをご紹介する場合もあります。また、アパートの建替えに伴う、入居者さんの転居先のご紹介から引っ越し業者の手配なども承っております。

司法書士さんからのご相談事例

地主さんより土地賃貸借契約の更新が近くなっているので、適正な更新料と地代の値上げを相談したい。

⇓弊社で、更新料や地代の相場をご説明。弊社にて借地人さんと交渉し、予定通りの更新料と地代の値上げに成功しました。また、更新事務手続きも多数承っております。

宗教法人さんからのご相談事例

宗教法人が地主さんで、個人の借地人さんから底地と借地の交換をしたいという要望があった。

⇓弊社にて宗教法人さんと借地人さんとの間で、交換契約の条件調整や交換契約書の作成を行いました。固定資産の交換特例（宗教法人の場合は圧縮記帳）を利用するため、税理士さんに申告や土地評価を依頼し、この税理士さんの土地評価に応じて、土地家屋調査士さんに土地の分筆登記を依頼しました。

また、宗教法人の土地売買は宗教法人法や神社規則の規定に準じて手続きを行う必要があり、宗教法人の取引に強い司法書士さんに依頼しました。

ほんの一例ですが、このような様々な底地借地のご相談をお受けしております。多くのご相談は売却に関するものですが、借地権買取りや等価交換を始め、契約更新や各種承諾に関する手続きなど、多種多様なご相談をお受けできているのも、各種専門家の皆さまとの連携の賜物であり、大変感謝しております。

一方で、底地借地の案件以外にも、少々複雑な案件も多数承っております。この場合も同様に、各分野に精通した専門家に協力を仰ぎ、連携して問題解決を図ります。

その一例をご紹介させて頂きます。

底地・借地以外の不動産のご相談の例

ハウスメーカーさんからのご相談事例

相続した実家を売却したい。

⇓解体して更地売却も検討しましたが、中古住宅の方が有利に売却できると判断しました。しかし、増築箇所が未登記であったため、銀行の融資が難しいことが判明し、土地家屋調査士さんに増築の登記を依頼しました。その結果、無事に売買が成立しました。

弁護士さんからのご相談事例

住宅ローンの支払いが出来なくなったお客様の自宅を、競売になる前に、出来る限り高い価格で売却して欲しい

⇓競売後も債務は残ってしまいます。この場合、弊社で債権者と交渉し、少しでも高く売却して、売却後の債務を小さくできるよう「任意売却」を進めます。それでも売却後に大きな債務が残るような場合は、弁護士さんに「債務整理」を相談します。

税理士さんからのご相談事例

市街化調整区域内の未利用の山林を処分したい。

⇒自治体の緑地保全制度等により、自治体が山林を買い入れた例ですが、弊社で自治体担当者と山林の売買に関する各種手続きを行いました。売買の条件として、山林の管理用通路の確保を要請され、弊社にて隣の山林所有者様に土地の一部売買の交渉をしました。

また、その他の申請書類については、宅地造成等の開発許可申請手続きにも精通し、山林のような大規模で高低差の大きな測量にも対応可能な測量会社に依頼しました。

ライフプランナー（保険会社）さんからのご相談事例

親族間で不動産売買をしたいが、贈与税の対策など、具体的にどうしたら良いか。

⇓親族間売買の際、売買価格が市場価格より著しく低額である場合、低額譲渡として買主側に贈与税を課税されることがあります。この場合、税理士さんに相談し、妥当な価格の意見を求め、弊社で売買契約書の作成を行い、売主様は売買後の確定申告を税理士さんにお願いすることにします。

ＪＡさんからのご相談事例

親から相続した実家を売却したいが、敷地の一部に住む親族が売却に反対していて困っている。

⇓賃料の支払いがない使用貸借と判明、親族側も代替わりしており、親族の自宅も建築後40年以上が経過しているとのこと。立退き関連に強い弁護士さんに相談し、明渡し交渉を依頼。無事に明渡しを受けることができました。

このように、普段から底地借地のような難しい案件の問題解決でご協力を頂いている、多種多様な専門家の皆さまとの強い連携がありますので、底地借地に限らず、幅広い不動産のご相談に対応が可能であることが、アバンダンスの最大の強みとなっています。

アバンダンスと専門家の皆さまとの連携について

底地・借地に関わることのある専門家の皆さまにおかれましては、多彩で豊富な底地・借地のノウハウを有する弊社を、皆さまのブレーンとして、是非ご利用頂きたいと考えております。

では、現在、各専門家の皆さまは、実際に、弊社アバンダンスをどのようにご活用頂いているのか。ここでは、その一端を事例とともにご紹介します。

【税理士さん】底地・借地に限らず、不動産取引全般でお付き合い

税理士さんからのご相談は多種多様ですが、やはり、相続等で底地の売却をしたいというご相談が最も多いです。続いて、契約更新や建替え承諾、譲渡承諾等の各種手続きや承諾料等についてのご相談を多く承ります。

例えば、底地を複数所有する地主さんの相続税をシミュレーションした結果、納税資金が不足していることが判明し、自宅やアパートを残すためには、低収益の割に、相続税の負担が大きい底地（貸宅地）を優先的に売却しようとなることが多くあります。

このようなケースにおいて、弊社では、底地の自社買取りが可能であったり、地主さんに代わって、借地人さんとの売買や交換等を行う業務請負いが可能であったりと、地主さんや借地人さんのお考えやご要望に応じて、様々なご提案が可能ですので、買取りだけではない柔軟性がある底地借地専門会社として、大変ご好評を頂いております。

【司法書士さん】遺産分割や相続後の売買などで協業

不動産の所有権移転の登記に限らず、相続や贈与などにも深く関与される司法書士さんからは、底地・借地以外にも、自宅などの一般不動産の売却を必要とされるお客様をご紹介頂くことが多くあります。

例えば、相続税の納税資金を借入れした地主さんから、ご自宅の建替えと借入金の返済を目的として、ご自宅の敷地の一部を売却し、借入金の返済と建替え資金に充てたいというご相談がありました。このケースでは、弊社でその敷地の一部を購入し、その売買代金を、借入金の返済とご自宅の建替え資金に充当して頂きました。

その他にも、司法書士さんが相続登記を担当したお客様から、相続した自宅やマンションを売却してほしいというような、やはり相続に関連したご依頼が目立ちます。

底地・借地に関して言えば、司法書士さんは地主さん側からの相談が多く、「借地人さんと等価交換をしたい」「借地人さんから借地権を買い取ってもらいたいと要求が来たがどうしたら良いか」「地代の値上げをしたい」などの課題解決をご一緒しています。

【土地家屋調査士さん】測量作業で近隣土地所有者様をご紹介頂くケースも

土地家屋調査士さんの主な業務は、土地家屋の売買や相続などで必要となる、土地の確定測量となります。測量作業の過程で、近隣の土地所有者様と現地で境界杭の確認を行う立合いを実施しますが、その際に土地家屋調査士さんは、近隣の土地所有者様から不動産の相談を持ち掛けられることも多いようです。

弊社では、土地家屋調査士さんから、自宅や駐車場、アパートなどの不動産の売却を考えているお客様をご紹介頂くことがあります。

また、弊社で売却をご依頼頂いた土地を販売する場合にも、土地の確定測量を実施するのですが、この測量作業において、土地家屋調査士さんを通じて、隣の土地所有者様から土地を購入したいという打診が多くあります。

余談ですが、底地借地に関していえば、昔からの地主さんには、代々お任せしている土地家屋調査士さんがおられることが多く、売買の場合には、積極的にその土地家屋調査士さんに協力をお願いしています。隣地との土地境界や各借地の境界について、過去の経緯等をご存じであるばかりか、近隣土地所有者様や借地人さんとも面識があることも多く、測量作業がスムーズに進む傾向にあるからです。

【弁護士さん】様々な事情による不動産売却のご相談

弁護士さんは職業柄、様々なご相談をお受けしていることから、弊社にも様々な事情により、対象不動産を売却してほしいというご相談をお受けします。

例えば、住宅ローン破綻でマイホームを任意売却するといった内容で、弁護士さんから買い手を探してほしいというご相談をお受けすることがあります。あるいは、遺産分割で土地や家屋の売却先を探してほしい、離婚したご家庭の財産分与のため自宅を売ってほしいなど、様々なご事情があります。

具体的な例でいえば、住宅ローンの支払いが滞ってしまい、競売手続きが開始されようとしているお客様のご自宅を、債権者と協力して任意売却を行いたいという相談がありました。この場合、弊社でアットホームやスーモなどのポータルサイトに掲載し、一般のお客様と売買を交わし、競売前に取引を完了させることができ、依頼者のお客様も無事に再スタートができたということもありました。

【ハウスメーカーさん】底地・借地に限らず、不動産全般でのご相談をご一緒する

ハウスメーカーさんは、一般住宅の建築に限らず、地主さんや資産家さんに、「アパートやコンビニ、保育園、メディカル施設等」を経営しませんかといった資産活用を提

案する業務を行っています。

その提案営業に際して発覚した、地主さんや資産家さんの相続問題についても、ハウスメーカーさんは幅広くサポートをされています。このサポートの一環で、弊社の底地借地のノウハウ等をご利用頂く場面が出てまいります。

具体的には、底地の自社買取り、借地人さんに対する底地売却の仲介業務、借地権買取りの仲介業務、等価交換のコンサルティングなどのご相談を頂いております。反対に、借地人さんが、借地上で自宅を建て替える際の地主さんからの建替え承諾の取得や、借地上の自宅を売却する際の、地主さんからの譲渡承諾の取得と借地権売却などのご相談もあります。

また、底地借地以外にも、一軒家やマンションなどのご自宅の売却から別荘の売却などのご相談もあったりと、ご一緒する案件は多岐にわたります。

【ライフプランナー（保険会社）さん】相続に限らず、売買のご相談も多数

税理士さんと同じく、地主さんなどのお客様の懐に入ってお悩みを聞き、資産状況を把握し、ご生前はもちろんのこと、亡くなった後のことまでサポートをされているのが、ライフプランナーさんです。ライフプランナーさんも税理士さんと同様に、お客様との信頼関係が、とても強固な関係なのが特徴だと思います。

さて、そのライフプランナーさんからのご相談の一例ですが、税理士さんと一緒に、地主さんの相続税のシミュレーションをしたところ、このままでは自宅を手放さないといけないことが判明し、何よりもまず、「底地の売却」が課題となり、アバンダンスへご相談があり、弊社で底地を購入させて頂いたことがあります。

その他にも、ご自宅の売却、親族間での不動産売買、借地権の自宅売却など多種多様なご相談を頂いております。

ご相談・ご依頼の連鎖をご一緒しましょう

このように、沢山の専門家の皆さまから、皆さまの大切なお客様の問題解決のため、様々なケースで弊社アバンダンスをご利用頂いております。皆さまから頂いた大切なご案件ですので、ご期待に応えるべく、弊社は問題解決に全力を尽くしてまいります。

例えば底地の現金化を目的として、弊社をご利用頂いた場合、全力で底地の現金化を目指し、借地人さんとの間で売買交渉やご提案等を行います。その際、借地人さんからは家族構成や経済状況、将来の借地の利用方法などをヒアリングし、借地人さんのお考えや状況に応じて、底地の売却だけでなく、借地権の買取り、等価交換等々、様々な提案を行います。

何度も何度も借地人さんのお宅に足を運んだり、親身になってお話をお伺いさせて頂いたりしますので、取引完了の頃には、すっかり良好な関係になっていることが多いです。

このような関係になりますと、借地人さんの方から、ご自身の相続問題や保有不動産の売却について、様々なご相談をお受けすることにもなります。この時の借地人さんの相談については、初めに地主さんのご紹介を頂いたのが税理士さんであれば、物件の基本的な情報を既にお持ちですし、相続シミュレーション等の依頼もスムーズですので、税理士さんに借地人さんをご紹介させて頂き、相続対策などのお力添えをお願いするケースも多々あります。

一人の地主さんからのご依頼で、弊社は数件の借地人さんと売買交渉等を行うことになりますので、新たなご相談やご依頼につながっていく可能性がとても高いのです。このようなご相談やご依頼の連鎖も、底地・借地取引の特徴とも言え、皆さまからご紹介頂く地主さんとの出会いは、その先に相続等でお困りだったりする、沢山の借地人さんとの出会いへと広がっていきます。沢山の借地人さんとの出会いからは、多種多様なご相談が寄せられることになり、税理士さんや弁護士さんなどの専門家を紹介してほしいというご要望も沢山あります。

このように、ご縁で知り合うことができた大切なお客様ですので、何かお困りごとがありませんかといった配慮を怠らず、必要となれば専門家の皆さまを迅速にご紹介させて頂き、お客様の問題解決に全力でお力添えをさせて頂くことが、弊社の大切な役割だと考えておりますので、その際は、是非、お力を貸してください。

おわりに

地主さん、借地人さんへ。お困りごとがあれば〝なんでも〟ご連絡ください。

本書を最後までお読み頂き、誠にありがとうございました。

底地・借地の専門家として、これまであらゆる問題解決を行ってきました。今回、経験してきた事例を整理し、一冊にまとめました。地主さんや借地人さんのために、それぞれの立場から余すことなく、解決のためのヒントをお伝えしたつもりです。

もし、皆さまがいま抱えているお悩みに合致するものがあれば、また、それ以外でも悩んでいるということがあれば、本書を参考にしつつ、適切な専門家を選んでみてください。底地・借地は不動産のプロでもニッチ・マニアックで複雑な分野なので、専門家に頼ることが何よりの解決の近道です。

本書でもお伝えしましたが、弊社は、地主さんと一緒に道なき山中を歩きまわったこともあれば、お庭の剪定、お茶を飲みながらのこれからの相続対策相談など、事前・事後のあらゆるご相談にも対応しますので、ご遠慮なくお申しつけください。

弊社と多種多様な専門家の皆さんで、問題解決のお力添えをさせて頂きます！

底地・借地に関わる皆さまへ。

難しい案件、すぐに仕事にならない案件、大歓迎です！

全国の専門家の皆さんへ。地主さん、借地人さんの問題解決には、私だけでなく、皆さまのお力添えがなくては叶えることができません。

本書をお読みになり、「まさにこんな依頼に直面していた」「底地・借地はニッチでマニアックなので対応に困っていた」というようなご感想を持って頂けたなら、ぜひご一報ください。

なお、弊社へのお客様のご紹介やご相談に関しては、すぐに仕事や案件にならなくてもまったく問題ありません。

地主さんや借地人さんご自身でも、契約内容を把握されていない、隠れた問題に気付かれていないというケースも多々あります。まずは弊社が契約関係の整理を行い、問題点の洗い出しを無料で行います。例えば、「将来のトラブル予防のためにも、珍しい底地（貸宅地）の専門家を連れてきました」という具合にお気軽にご利用してください。

普段は何の問題もない底地（貸宅地）でも、20年に1回の契約更新時や、借地人さんからの建替え承諾願い、譲渡承諾願いなどの申し出があれば、速やかに承諾料の授受や手続きが必要になります。その対策は事前に行っておくに越したことはありません。**皆さまのブレーンの一員として、**「底地・借地の専門家」アバンダンスが控えているということをお伝え頂ければ、お客様に安心して頂けると自負しております。

なお、ご紹介者様のご同行は、基本的に初回のご紹介時のみで構いません。皆さまには本業に時間を割いて頂き、「底地・借地」の課題解決の道慣らしである情報・課題整理は、その道のプロである弊社が行います。もちろん、ご紹介頂いたお客様とのやり取りなどは、リアルタイムに、細大漏らさず、皆さまにご報告申し上げておりますので、お客様としてもご紹介者である皆さまが常に状況を把握してくださっていることで、とても安心して頂けます。

最後に、弊社の社名「アバンダンス」とは、〝豊かさ〟を意味します。不動産取引を通じて、経済的な面や気持ちの面で豊かさを手にし、〝笑顔あふれる人生を歩んでほしい〟、そのような思いが込められています。

これからも「底地・借地」に限らず、あらゆる不動産取引を通じて、皆さまの人生をより楽しく、豊かなものにするお力添えができるよう、研鑽を積んでまいります。どこかでお目にかかる時があれば、ご遠慮なく、皆さまの課題をお申しつけください。

２０２０年９月吉日

株式会社アバンダンス　代表取締役　中川祐治

各種契約書サンプル資料
ダウンロードのご案内

本書でもご紹介した、**各種契約書などが無料でダウンロードできます。**底地・借地でのお取引の際、参考にしてみてください。

- ☑ 金銭消費貸借契約書
- ☑ 土地交換契約書（等価交換）
- ☑ 土地交換契約書（交換差金あり）
- ☑ 解約合意書（借地）
- ☑ 建替え承諾願い書、建替え承諾書
- ☑ 私道の相互利用に関する合意書

以下、ＱＲコードからご覧ください。

▼

※このサービスは予告なく終了する場合があります。

【著者略歴】

中川祐治（なかがわ・ゆうじ）

株式会社アバンダンス代表取締役。1979年生まれ。宅地建物取引士、相続診断士。高校卒業後、建設業界にて地主さんを主な顧客とした土地活用の提案営業に従事。2006年、底地専門の不動産会社に転じ、地主さんに寄り添った底地売買や相続対策の経験を積む。2011年、底地と借地に特化した不動産会社、株式会社アバンダンスを設立。柔軟なコーディネートに定評があり、税理士などの士業事務所や大手ハウスメーカーと連携し、様々な不動産案件に対応している。2013年、税理士などの士業とワンストップで相続対策をコーディネートする、あいか相続対策研究所株式会社を設立。現在は、地主さん・借地人さん向けセミナーのほか、金融機関の行員向け、大手ハウスメーカーや保険会社の職員向けセミナーや勉強会も行っている。

【法律監修】

弁護士　岡田洋介（佐々木・岡田法律事務所）

底地《そこち》・借地《しゃくち》で困《こま》ったときに最初《さいしょ》に読《よ》む本《ほん》

2020年10月21日　初版発行
2024年 6月30日　第4刷発行

発行　**株式会社クロスメディア・パブリッシング**
発行者　小早川 幸一郎
〒151-0051　東京都渋谷区千駄ヶ谷4-20-3 東栄神宮外苑ビル
http://www.cm-publishing.co.jp
■本の内容に関するお問い合わせ先 …………… TEL (03)5413-3140／FAX (03)5413-3141

発売　**株式会社インプレス**
〒101-0051　東京都千代田区神田神保町一丁目105番地
■乱丁本・落丁本などのお問い合わせ先 …………… FAX (03)6837-5023
service@impress.co.jp

カバー・本文デザイン　小泉典子
校正・校閲　konoha
印刷・製本　株式会社シナノ
撮影　合田好宏
ISBN 978-4-295-40460-6 C2034